奇妙知识面对面

电光火石那瞬间

张康 编绘

浙江人民美术出版社

在孩子们的眼中，世界的一切都是新奇的：每一片树叶的背后、每一块石头的下面、每一朵白云的上面，似乎都隐藏着许多神奇的秘密——

"世界上到底有多少种动物？"

"宇宙到底有没有尽头？"

"人类可以建造像珠穆朗玛峰一样高的楼房吗？"

"如何发明一辆会飞的汽车？这样真的就不会堵车了吗？"

"机器人真的会统治人类吗？"

……

孩子拥有的这种打破砂锅问到底的精神，是多么可贵，绝不应该被忽略：当一个人不再对这个世界抱有好奇心的时候，并不意味着他长大了，而只能说明他的心在

缓缓地变老，他的精神在慢慢地枯萎。这又是一件多么可怕的事情啊！

当你打开这套书的时候，别怪我没有提醒你——那美如画的自然杰作；那蕴藏着无数宝藏的神秘海洋；那让人大开眼界的奇特动物；那常人不可企及的极端纪录；那改变世界的奇妙发明；那永留人心间的伟大瞬间……这个世界每天都在上演奇迹并创造新的历史，这一切无不让你目瞪口呆、啧啧称奇。

不断进步的科学技术将带领孩子们更好地认识世界，增强他们探索未知领域的信心与勇气。来吧，所有好奇心十足的孩子，让我们从这里启程，踏上奇妙无比的求知之旅！

目录 CONTENTS

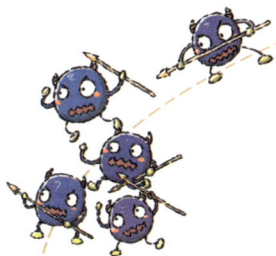

一起勇攀科学高峰！

快让你的大脑

动起来吧！

第一块石头：
石器时代的到来

　　石头是大自然中最常见的东西之一，但也许你不知道，对一块普通石头的简单加工，竟然意味着人类将开启一个重要的时代——石器时代。

　　如今我们使用手机、电脑，出门乘坐汽车，你是不是觉得生活很方便呢？不过人类最早的祖先可没有这么优越的生活条件，他们居无定所，食不果腹，过着在我们看来非常艰苦的生活。

　　不过人类之所以伟大，就在于其具有无限的想象力与创造力。石头就是最先体现人类的创造力的物品。

　　在几百万年前的某一天，一个原始人拿起了一块石头，通过观察，他发现这块石头上有一个小小的凸起，于是，他顺着这个凸起在另一块石头上不停地磨呀磨。很快，他发现这个凸起被磨得越来越锋利。他并不知道这能做什么，更不会意识到他的行为其实已经开创了人类历史的新时

代——石器时代。

石头刚磨好不久，晚饭时间到了，有人狩猎回来了，大家争先恐后地撕咬着猎物——与我们现在在《动物世界》里看到的老虎、狮子啃食猎物的方式相似。就在这时，刚才那个伟大的原始人走了过来，他试着用刚磨好的锋利石头割肉，竟然一下子割下来一大块。

这一招果然很好用！尝到甜头的人们开始寻找更多的石头，并将这些石头磨制成各式各样的工具，再用这些工具制造其他的石制工具。

有了石制工具，人类的饮食条件大大改善。他们开始把肉切开，并用火烤肉。人们吃了烤熟的肉就不太会闹肚子啦。不过，当时的烤肉可不如现在的烤肉好吃，因为调味品还没出现呢！

就这样，人类靠着简单的石制工具度过了漫长的几百万年，直到青铜工具出现。

寿命很短的原始人

原始人并不像人们想象中的那样强壮。面对残酷的生存环境，他们的平均寿命很短。人类学家对某一原始人族群的38个个体的年龄进行了研究，发现死亡年龄在14岁以下的有15人，死亡年龄在15～30岁的有3人，死亡年龄在40～50岁的有3人，死亡年龄在50～60岁的有1人，其余16人的死亡年龄无法确定。而他们的死亡在很大程度上是由不洁净的食物和恶劣的生存条件造成的，也有人死于捕猎或族群之间的斗争。可见，原始人每天都在挣扎中生存，寿命自然就短了。

人人都是地质学家

原始人制造石器的活动饱含智慧，他们已经意识到"因材施用"的重要性：要制造不同的工具，就要选用不同材质的原料。比如制作斧子、铲子、凿子之类的工具，他们会选择硬度较高的岩石，这些工具相对来说也更珍贵；而制作刀和镰之类的工具时，他们会选择硬度较低的石头。所以，原始人在几百万年前就能分清基本的岩石种类了，真的很厉害呢！

不甘寂寞的原始人

原始人一般都是群居生活的，因为当时的人类生存能力有限，生存环境又恶劣，单凭个人的能力是很难活下去的。他们一般几十个人一起过着群居的生活。每天一大早，他们就开始了一天的劳作。青年男性拿着工具四处寻找猎物，女性则在附近采摘野果。如果这一天捕猎没有收获，就得靠女性的劳动成果填饱肚子了。

原始人一般会选择居住在河流附近，这么做一方面便于他们喝水，另一方面河流会带来大量的石头供他们制造工具。此外，原始人还渐渐学会了在住处保留火种，即使遇到下雨天，火种也能保持不灭。火对原始人来说意义重大，不但可以加热食物，还能够防止野兽入侵。

钻木取火：
用木棍钻出来的文明

不少人爱吃烧烤。尤其在寒冷的冬天，围坐在热气腾腾的烤炉边，一起分享美味，真是幸福啊！烧烤离不开火，你可能觉得火是再普通不过的东西了，很容易就能得到。

其实我们的祖先取火并不容易。原始人在很长一段时期内，过着茹毛饮血的生活，因为他们不但不会利用自然界中的火，而且还很怕火呢。

然而有一次，当他们偶然吃到被火烧死的野兽时，发现了从未有过的香味，于是他们逐渐尝试着利用自然界的火烧烤食物并想方设法保存火种。科学家通过对周口店北京人遗址的研究，证实了那时候的原始人已经会利用火了。

又过了相当长的一段时间，原始人在钻木与打石的劳动中发现了火星，

于是懂得了取火的方法。

有了这一了不起的发现，人们随时可以吃到烧熟的食物，除了禽类和兽类，还有鱼、鳖、蚌、蛤之类的水产品。从此，人类的食物品种变得丰富了，饮食水平也进一步得到了提高。

钻木取火是最早的取火方法之一。在原始社会的某一天，一个原始人折了一段山麻木，把它制成山麻木板，在上面刻上一道浅浅的凹穴，又折了一根山麻木枝当棍子。他坐在地上，双脚踩住扁平的山麻木板，把棍子的一端按在凹穴上，双手夹住棍子来回搓动。这样，棍子末端与木板相接处发生了剧烈的摩擦，产生了许多木屑。因摩擦可以不断生热，等碎木屑热到一定程度时，就会产生火星点燃木板旁易燃的干草或木屑，接着就能燃起火焰了。

原始人用完火之后，并没有把火扑灭，而是把火种保存起来。这是因为，在今天看来如此简单的钻木取火技术，在当时可算"高科技"呢，并不是每个人都能掌握的，所以保存火种对当时的人类来说尤为重要。

祖先燧人氏

相传中国钻木取火的祖先是燧人氏，他曾教授人们取火的本领。

燧人氏不仅发明了"钻木取火"，还发明了"结绳记事"。

那时候，人类还没有文字，许多事都要靠大脑记忆，但时间久了，有些事情会被遗忘。燧人氏将柔软而有韧性的树皮、草叶搓成细绳，然后将数十条细绳排列整齐，悬挂在一处，在上边打结记事。大事打大结，小事打小结；记先发生的事就在一根绳的上边打结，后发生的事在下边打结。

为了能够记录更多的事情，燧人氏又利用植物的天然色彩，把细绳染成各种颜色，每种颜色代表一类事物，使所记之事更加清楚。

万能的火

火对于人类的进化有着至关重要的作用。火能将食物

8

烤熟。熟食有利于人体吸收所需的营养，极大地促进了大脑的进化，使人类的智力得到了飞跃式的发展；熟食还扩大了可食用动植物的品种和范围，极大地丰富了人类的食物资源，增强了人类的生存能力；熟食更卫生、更容易被消化吸收，有利于减少疾病，增强体质，延长了人类的寿命；熟食也有利于增强人类的繁殖能力。

除了能将食物烤熟外，火还给人类带来了温暖，促进了原始人类的"脱毛"过程。

"先进"的取火方式

钻木取火是非常费力的取火方式。在春秋战国时期，随着铁器的出现，古人开始使用火镰和火石来取火。

火镰和火石取火的原理与钻木取火的原理类似：用铁制的火镰敲击坚硬的燧石，使其迸发出火星，火星落在易燃的纤维上，就燃烧成火焰。

使用铁器：
来自太空的灵感

今天，我们用水果刀削苹果是一件简单且普通的事。但你知道吗？当原始人拿起像水果刀一样的铁制工具时，他们已经跨入历史上一个崭新的时代了。

一把水果刀真的有如此巨大的力量吗？如果你还对此心存疑惑，就随我一起去看看吧。

人类社会从原始社会发展到文明社会，劳动工具也随之发生了巨大改变。之前用石头做成的劳动工具已经远远不能满足人们的生产需求，人们觉得用石制工具砍一棵树太慢了，后来就用青铜制成的工具砍树，但是砍了几下，工具就弯了，因为青铜太软了。

很久很久以前，很多石头从天而降。人们纷纷躲开，当时的他们并不知道这是从太空中掉下的陨石。他们认为这是神石，对其奉若至宝。

有一天，一个人无意中将一块陨石放到炉火中，含有大量铁元素的陨石在高温下渐渐熔化，竟然由坚硬的固体变成了滚烫的液体。

这个人看着这些滚烫的液体，突然灵光乍现，他将这些液体倒入一个刀状的模具中，待其冷却凝固后取出，然后不停地磨啊磨，最后居然制成了一把锋利的刀。

相较于石制工具和青铜工具，这样的铁制工具可真是厉害极了。这件事成了当时最重大的新闻，人们议论纷纷。而这把由神石制成的刀，也成了人们口中的"神器"。

后来，又有人捡到一些这样的石头，便按照同样的方法把它们做成各种各样的工具，这些工具其实就是我们今天所说的铁制工具。从神石到铁制工具，人类逐渐进入了铁器时代。用铁制成的劳动工具坚硬、锋利，极大地提高了劳动效率，因此很受当时的人欢迎。

后来，人们渐渐发现地球上存在铁矿，并开始尝试用矿石冶炼铁，这就为铁器的大规模应用奠定了基础。

中国的铁器

约公元前1400年，居住在小亚细亚的赫梯王国掌握了世界上真正的冶炼铁技术。公元前1300年—公元前1100年，冶铁术传入两河流域和古埃及，欧洲的部分地区于公元前1000年左右也进入了铁器时代。

中国早在商朝便已使用铁器（铁刃铜钺）。公元前800年的虢国玉柄铁剑，则是我国目前出土的最早的冶炼铁器。虽然中国不是世界上最早使用铁器的国家，但中国古代的冶铁技术十分先进，在当时处于领先地位。

中国古代的劳动人民发明了多种冶铁技术，能够打造高纯度的铁器，还能够针对不同的需求，采取不同的冶炼方式。西汉时期，铁器的数量显著增加，质量也有所提高。到了东汉时期，铁器最终取代青铜器，成为人们最主要的生产工具。

和铁器相关的成语

到了中国的西汉时期，人们在"块炼渗碳"的基础上研发出了"百炼钢"技术。

这种技术的特点是增加了反复加热锻打的次数，这样既能将钢铁加工成型，又能减少夹杂物，大大提高了钢的质量。"百炼成钢""千锤百炼"等成语就是由此而来的。

与此同时，炼铁的炉子变大了，风口从一个发展到了多个，鼓风设备也从以前的人力鼓风、畜力鼓风进步到了水力鼓风的"水排"。这便是中国古人的智慧。

神秘的铁山

在中国的古书《管子》中，可以找到有关铁山的记载。《管子·地数篇》中说："地之东西二万八千里，南北二万六千里……出铁之山三千六百九山。"而《山海经》中，大禹则说："天下名山，经五千三百七十山……"

这样算来，出铁之山的数目竟然约占山体总数的67%。虽然直到今天，我们还没有弄清楚古人是怎么得出这一数据的，但这说明了当时的人们已经知道了铁矿石的存在。

发现美洲大陆：
一个美丽的错误

　　每个人生活中都有犯错的时候，我们会因此自责难过，并暗下决心不再犯同样的错误。

　　不过，历史上有个人犯了一个错误，竟然成就了一个伟大的发现——这个人就是意大利航海家哥伦布。他因为一个错误发现了新大陆——美洲大陆，从而开创了新的历史。

　　哥伦布在发现新大陆时，错误地认为自己发现的是印度，因为他出发的时候，目的地就是印度。当他登上新大陆的时候，便很自然地称当地的人为"印第安人"。在英语里，"印度人"和"印第安人"的拼写和发音是完全相同的（Indian）。

　　虽然哥伦布对新大陆的认知存在错误，但他一直坚持的"地球是圆的"这一真理，是具有划时代意义的。因为在此之前，几乎所有人都认为地球是方的。

　　哥伦布认为从西班牙出发，绕地球一圈还能回到西班牙。于是在西班牙女王的资助下，1492年8月3日，哥伦布率领由三艘帆船组成的船队，从西班牙的巴罗斯港扬帆起航。船队经过两个多月的艰苦航行，

1492年10月11日，哥伦布看见海上漂来一根芦苇，高兴得跳了起来——有芦苇，就说明附近有陆地！

果然，当晚10点多，哥伦布发现前面有隐隐的火光。12日拂晓，水手们终于看到了一片陆地，大家发出了欢呼声。他们在海上航行了两个多月，终于到达了美洲巴哈马群岛的华特林岛。哥伦布把这个岛命名为"圣萨尔瓦多"，意思是"救世主"。后来，哥伦布的船队继续向南，到达了古巴和海地。

1493年3月15日，哥伦布回到了西班牙。后来，他又三次西航到美洲，陆续发现了牙买加、波多黎各、多米尼加等岛，并到达中美洲的洪都拉斯和巴拿马等地。

给中国皇帝的信

　　因为哥伦布出发的时候打算去东方，所以在帆船起航的时候，提供资金援助的西班牙女王还让他带上了给印度国王和中国皇帝的信。

　　但是哥伦布却犯了一个美丽的错误，转而发现了美洲大陆。我们不知哥伦布踏上他自认为的"印度"之后有没有将信交给"印度国王"，更不知那封给中国皇帝的书信上到底写了些什么。

一生的"错误"

　　直到1506年逝世，哥伦布一直认为他到达的是印度。

　　后来，一个名叫亚美利哥的意大利航海家，经过多方考察和研究，得出了一个结论：哥伦布到达的那些地方不是印度，而是一个原来不被大多数欧洲人知道的新大陆。

最后，这块新大陆以证实者亚美利哥的名字命名，被称为"亚美利加洲"，也就是我们经常说的"美洲"。

属于欧洲人的"发现"

事实上，早在冰河时期，海平面下降，白令海峡露出海面并成为白令陆桥时，人类就已经从当时的亚洲大陆到达了美洲。哥伦布所谓的发现，客观地看只是欧洲人的"发现"。

虽然在哥伦布之前，应该也有人到达过美洲，但他们的发现既没有被传播开来，也没有引起欧洲人的注意或美洲土著生活上的任何变化。

而"哥伦布发现新大陆"的消息倒是一下子传遍了整个欧洲大陆，接踵而来的，便是欧洲人对新大陆的探险和殖民活动，而美洲土著的生活也随之发生了翻天覆地的变化。

日心说：
坚持科学真理

"地球绕着太阳转"，在今天看来，这是个简单的天文常识。但在很久以前，人们都认为地球是宇宙的中心，所有东西都围绕着地球转。直到哥白尼的出现，大家才逐渐改变了"地球是中心"的观念。

哥白尼上中学时就对天文学很感兴趣，曾跟着老师在教堂的塔顶上观察星空。没想到，在我们看来除了星星、月亮以外别无他物的夜空，哥白尼竟然连续看了30年。他一边

看一边记录各种天文数据，积累了大量的资料。

哥白尼经过周密的思考，在40岁时写下了《天球运行论》，提出了"日心说"。他认为：地球是球形的，正因如此，如果在船桅顶端放一个光源，当船驶离海岸时，岸上的人们会看见亮光逐渐降低，直至消失；地球不但是圆的，而且还在运动，约24个小时自转一周。他还提出："太阳才是宇宙的中心，地球及其他行星都围绕着太阳运行，只有月亮环绕地球运行。"

但是，由于害怕受到攻击与迫害，哥白尼迟迟不愿公开自己的发现，后来经过朋友的劝说，他才将《天球运行论》的手稿送去出版。而这一著作的出版过程，也十分艰辛。直到1543年，年近古稀的哥白尼在弥留之际才收到刚刚印好的《天球运行论》。

随着自然科学的发展，现在我们都已经知道，太阳并不是宇宙的中心，而是太阳系的中心。这些科学发现的背后，凝聚着一代代科学家的心血与汗水。

"业余"天文学家

1473年2月19日,哥白尼出生于波兰。但你知道吗?哥白尼最开始的职业并不是天文学家。他在成年后的大部分时间里,都在费劳恩译格大教堂任职,并因为医术出色,还一度被称为"神医"。而他的成名巨著竟然是在业余时间书写完成的,这简直是一个奇迹。

耗时200年

要让古代人相信我们脚下坚实的大地竟然是运动着的,这简直比登天还难。

事实上,直到1609年伽利略发明了天文望远镜,并借

此发现了一些可以支持"日心说"的新的天文现象后，"日心说"才开始引起人们的关注。直至开普勒以椭圆轨道取代圆形轨道修正了"日心说"之后，"日心说"才逐渐得到人们广泛的认可。

捍卫真理

"日心说"提出后，虽然当时的统治者认为它是错误的，且对宣扬这一学说的人士进行了残酷的镇压，但不少仁人志士依然勇敢地捍卫着这个在当时明显比"地心说"更加科学的学说。他们前仆后继，与黑暗的统治势力进行了不屈不挠的斗争，甚至付出了生命的代价。科学能够不断发展，正源于这种不断追求真理、捍卫真理的精神。

血液循环：
"心跳"的伟大发现

我们不小心受伤的时候会流血。血液在人体内是循环的，血液靠心脏提供动力在人体内流动。

在很早以前，人们认为人体内都是空气。直到17世纪20年代，英国医学家哈维才用科学实验推翻了这个理论。

哈维的这个重大发现并不是通过复杂的手段获得的，而是通过对人体的观察得到的。我们都听过自己的心跳吧？哈维就是靠人体的心跳判断出血液是循环流动的。

哈维测量自己的心跳后发现，自己每分钟的心跳约为72次，估计心脏每次跳动的排血量大约是56克。所以通过简单的乘法运算就可以得出结论：每小时大约有240千克的血液从心脏流入主动脉。但是240千克远远超过了人体中的血液重量，甚至远远超过了人的体重。

　　哈维由此认识到，等量的血液是往复不停地通过心脏的。提出这一假说后，他花费了9年时间，一边做实验，一边仔细观察，终于掌握了血液循环的详细规律。

　　1616年，哈维第一次在讲演中提出关于血液循环的理论。其讲义的手稿是用拉丁文写成的，至今仍被收藏在英国国家博物馆内。

　　哈维清楚地标明了人体内的血液流动路线，并且他通过实验发现，心脏每20分钟排出的血液量就等于身体内血液的总量，因而血液在流动中不可能完全耗尽，而是在不断地循环流动。

　　哈维也通过实验说明了血液的流动方向，指出：静脉血都是向心脏流动的，静脉瓣的作用是防止血液倒流。

不怕炮弹的哈维

1640年，英国资产阶级革命爆发，哈维因其王室御医的特殊身份，随同国王流亡在外。他曾受命照顾两位王子，即后来的查理二世和詹姆斯二世。

据说在战斗打响后，他竟然不为所动，仍然从口袋里拿出一本书仔细阅读。即使一发炮弹在他附近爆炸，他也只是稍稍挪动位置，而后又接着学习。

正是凭着这股忘我的钻研劲头，哈维终于在血液循环研究方面取得了巨大的成就。

死后正名

哈维的理论因为有悖于当时所谓的权威理论，所以，他的书出版之后，就遭到攻击，说他的著作是一派胡言，既荒谬又不可信。

所幸凭借英国国王查理一世的御医的身份，他没有像自己的前辈塞尔维特那样付出生命的代价。

1657年，哈维逝世。四年后，意大利的马尔比基教授将伽利略发明的望远镜改制成显微镜，并将之用在医学研究上，这才观察到了毛细血管的存在，从而进一步证明了哈维的理论是正确的。

哈维的血液循环理论被证实了，这是科技为医学科学做出的极大贡献。

物质传送带

一个正常成年人的血液总量大约占体重的8%。血液在人体内不断循环流动，当血液流出心脏时，它会把养料和氧气输送到全身各处；当血液流回心脏时，它又将身体产生的二氧化碳和其他废物输送到排泄器官，排出体外。

一般健康人一次失血量如果不超过人体总血量的10%，身体不会受到太大影响；当一次失血量超过人体总血量的20%时，身体会受到严重影响；当一次失血量超过人体总血量的30%时，人可能会死亡。

万有引力：
苹果"砸出"的智慧

　　我们在生活中经常见到的一些现象，看似普通，其实背后隐藏着深刻的道理。比如苹果熟了为什么会掉下来？也许我们吃过无数颗苹果，但谁又思考过苹果会掉下来的原因呢？

　　据说在1665年的秋天，英国物理学家牛顿独自坐在花园里的一棵苹果树下思考物理问题。这时，一颗成熟的苹果从树上落下来，恰巧落在牛顿的脚边。这个寻常的现象却引起了牛顿的注意，这位伟大的科学家竟然对着这个落下的苹果认真思考起来。

　　一个伟大的瞬间由此降临——这次的苹果掉落与以往无数次苹果掉落不同，因为牛顿从苹果落地这一寻常的现象中找到了苹果下落的原因——引力的作用。这种来自地球的无形的力"拉"着苹果下落，就像地球"拉"着月球，使月球围绕地球运动一样。

　　在此之前，许许多多的科学家都在钻研行星为什么会围绕着太阳转的问题，却一直没有答案。牛顿从一颗小小苹果的坠落中获得了解开这一宇宙之谜的灵感。经过一系列的实验、观测和演算，牛顿发现太阳的引力与它巨大的质量密切相关，进而揭示了宇宙的普遍规律，提出了经典力学中著名的万有引力定律。

　　300多年前牛顿发现的这一定律，今天被人类应用在了火箭发射上。大家在电视上看到火箭发射升空瞬间的壮观场面，也许想不到，这背后竟然隐藏着一个苹果"砸"出来的智慧。

　　牛顿是一个伟大的科学家，他不但发现了万有引力定律，还发现了物体运动的其他几大定律——惯性定律、作用力与反作用力定律等，他还创立了微积分学。牛顿将其一生的成就写进了《自然哲学的数学原理》一书中。他后来在谈到自己所取得的成就时说："如果我比其他人看得远些，那是因为我站在巨人的肩膀上。"

因牛顿而成名的苹果树

著名的"牛顿苹果树"原本生长在牛顿的故乡伍尔斯索普庄园。那里有一片苹果园，牛顿从卧室的窗户向外望去，就能看到在轻轻摇动的苹果树枝叶，还能闻到阵阵沁人心脾的果香。

据说，那棵"牛顿苹果树"已经生长了约400年。牛顿的母校剑桥大学，就从"牛顿苹果树"上剪下枝条，将其栽到了剑桥大学的校园内。

看不见的力量

万有引力定律揭示了存在于任何两个物体之间的由质量引起的相互吸引力：地球上的物体之间都存在着一种看不见的力，吸引着彼此；向上抛的所有物体最终都会落到地上，这就是万有引力作用的结果。

牛顿的万有引力定律不仅可以解释地球上的物理现象，还可以解释宇宙天体间的运动规律。

在地球之外，还有许多天体，比如太阳、月球、火星、木星，它们之间也存在着万有引力。所以月球绕着地球转，地球绕着太阳转。正是这种引力把它们固定在各自的位置上，才使得它们在同一片星空中运动时有规律可循。

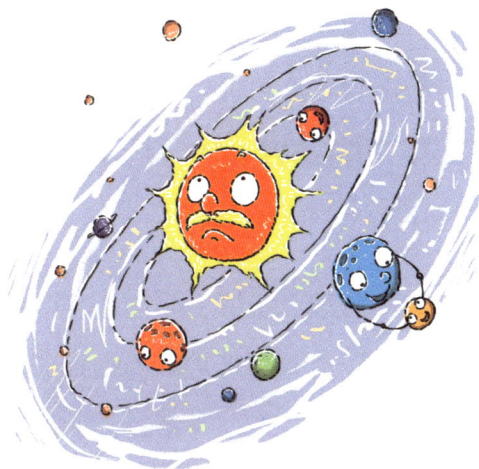

三个著名的"苹果"

其实，人类的文明发展总是和"苹果"扯上关系，而世界上有三个著名的"苹果"。

第一个"苹果"是西方传说中夏娃在伊甸园偷吃的"禁果"，人类自此开始繁衍。

第二个"苹果"激发了牛顿的灵感，从而开创了科学史上的新时代。

至于第三个"苹果"，则被美国苹果公司的创始人乔布斯"咬"了一口。该公司开发的产品，是信息时代影响全球的数字科技产品。

微生物：
一滴湖水里的秘密

在我们生活的环境中，有很多肉眼看不到的微小细菌存在。爸爸妈妈常常会告诉我们饭前便后要洗手、不要喝生水等。其实这些行为都是为了防止细菌侵入我们的身体。

不过，今天这些妇孺皆知的常识，在几百年前，别说普通人，就连赫赫有名的科学家们也全然不知。

这些无孔不入的微生物，随时随地都在与我们打着交道，甚至在我们体内"安营扎寨"，自由地钻进、钻出。可是，由于无法用肉眼看见它们，几千年来，人类竟不知道世界上还有微生物存在。

那么，是谁第一个发现了这个"小人国"里的"捣蛋居民"呢？这个人就是列文虎克！列文虎克是一个充满好奇心的荷兰人。他因为买不起放大镜而决定自己动手磨制，经过辛勤的劳动，他终于磨制出了小小的透镜；但由于透镜实在太小了，他只好又加了一个架子；后来，经过反复琢磨，他又在透镜的下边装上了一块铜板，在铜板上钻了一个小孔，使光线能从小孔射进去，反照出所观察的东西。这就是列文虎克制作的光学显微镜，它的放大能力相当强，超过了当

时世界上其他的显微镜。

　　他用自制的显微镜观察一滴湖水，发现镜片下有很多微小的生物：有一些是圆形的，还有一些大一点儿的是椭圆形的。

　　列文虎克惊喜地记录下他当时见到的情景：

　　我看见它们头部附近有两条小腿，在身体的后面有两个"小鳍"。另外的一些比椭圆形的还大一些，它们移动得很慢，数量也很少。这些微生物有各种颜色，有的白而透明；有的是绿色的，带有闪光的小鳞片；有的中间是绿色的，两边是白色的；还有的是灰色的。这些微生物大多能在水中自如地运动，向上、向下或原地打转儿，看上去真是太奇妙了。

　　列文虎克的这一发现，轰动了全世界，并逐渐促进了一门新学科——微生物学的发展。

"胡克""虎克"同样重要

列文虎克是第一个用显微镜看到细菌和原生动物的人，而英国人罗伯特·胡克则是为细胞命名的人。

1665年，发明家罗伯特·胡克用一台自制的显微镜，观察到了一片薄树皮上已死亡的植物细胞，将它们命名为"cell"（细胞），细胞这个名字沿用至今。同年，罗伯特·胡克出版了《显微术》一书，而列文虎克正是受此书启发，改进了显微镜，从而发现了微生物的存在。

曾经的看门人

列文虎克出生在荷兰代尔夫特市的一个工匠家庭。他16岁就外出谋生，过着漂泊的苦难生活。后来他返回家乡，在代尔夫特市的市政厅当了一名看门人。

这个工作能接触到很多人。一个偶然的机会，列文虎克从一位朋友那里得知，荷兰最大的城市阿姆斯特丹有许多眼镜店，店里除了磨制镜片外，也磨制放大镜。

强烈的好奇心让列文虎克打算买个放大镜看看，可是放大镜的价格太昂贵了，他只好试着自己磨制镜片。

由于勤奋且颇具天赋，列文虎克磨制的透镜在成像功能上远远超过同时代的其他透镜。他一生磨制了550多块透镜。他制作的显微镜，放大倍数竟达270倍，这也为他的微生物研究提供了良好的条件。

业余科学家

1673年的一天，英国皇家学会收到了一封厚厚的来信。他们打开一看，原来是一份用荷兰语书写的字迹工整的报告，这份报告来自列文虎克。

一开始，很多英国皇家学会的人认为列文虎克没有受过严格的科学训练，他的报告是一派胡言。几经周折，在不断地对列文虎克的报告中的内容进行科学实验后，列文虎克的发现终于幸运地得到了英国皇家学会的认可。这份研究报告一经发表，轰动了英国学术界。列文虎克后来成了英国皇家学会的会员，他的成就也获得了极高的评价。

改良蒸汽机:
水蒸气推动了世界

　　电影中常有这样的场景:冒着白烟的火车从远方驶来,伴随着巨大的轰鸣声从人们面前呼啸而过。这种火车现在已经很少见了,但它曾是一个时代的标志。为这种火车提供动力的就是蒸汽机。

　　蒸汽机是用水蒸气的能量推动机械运动的大型机器。观察正在烧水的水壶,你就会发现水烧开的时候壶盖会不停地跳动,关上火后,壶盖不动了。这就是水蒸气的能量。

　　蒸汽机的改良引发了18世纪的工业革命,直到20世纪初,改良蒸汽机仍然是世界上最重要的原动机,后来才逐渐被内燃机和汽轮机等取代。

　　蒸汽机很早就出现了,但是蒸汽机的燃料利用率一直很低,产出的动能效率也很低。英国发明家瓦特改进的蒸汽机改变了这一局面。

　　1764年的一天,英国一所大学的一架老式蒸汽机坏了,校方让当时在学校当修理工的瓦特去修理。他把机件拆开逐一细看后,发现这种蒸汽机有很多缺点,且需要消耗很多热量,使用时几乎四分之三的能量都被浪费了,因此效率很低。勤奋好学又肯钻研的瓦特决心改良这种蒸汽机。

　　功夫不负有心人。整整5年过去了，1769年的一天，瓦特在大量试验的基础上，经过无数次失败，终于制成了一台单动式蒸汽机，这种蒸汽机节省了超过75%的燃料。瓦特获得了第一台单动式蒸汽机的专利权，但是这种蒸汽机并不能用在生产上，瓦特不甘心，决心继续研究。几年之后，瓦特又研制出了一种新式双向蒸汽机，可以广泛应用在各种机器上。

　　19世纪初，蒸汽机的广泛应用，使人类社会进入了"蒸汽时代"。

　　从最初接触蒸汽技术到成功研制出"瓦特蒸汽机"，瓦特经过了20多年的艰难探索。虽然多次受挫、屡遭失败，但他百折不挠、坚持不懈，终于完成了对老式蒸汽机的革新，使蒸汽机得到了更广泛的应用，成为当时推动世界进步的动力。

瓦特没有发明蒸汽机

瓦特并不是蒸汽机的发明者,而是改良者。蒸汽机是英国人萨维利和纽可门分别于1698年和1705年独立发明的。当时人们大多利用它给矿井抽水,生产效率十分低下。

经过瓦特改良的蒸汽机大大提高了工作效率,使蒸汽机成为工业生产中不可缺少的巨大动力,从而推动了工业革命的进程。

灯泡上的瓦特

瓦特不但改良了蒸汽机,还发明了许多物品,如简便测距仪、透视图制图机、液体比重计、文字复印机等。

人们为了纪念这位伟大的发明家，把计量功率的单位名称定为"瓦特"，这个单位一直沿用至今。

20瓦的灯泡，2000瓦的电热器，100万千瓦的小型核电站……其中的"瓦"，就是"瓦特"的简称。

越困难，越坚持

瓦特能够成功改良蒸汽机，得益于很多人的支持。但支持的背后，是巨大的挫折：实业家罗巴克因为支持瓦特的发明而破产；另一位实业家博尔顿，也因为支持他而濒临破产，不得不抵押家产去贷款。面对这些困难与打击，瓦特从没有放弃过自己的梦想，他一直坚持进行试验，最终获得了成功。

瓦特的蒸汽机不仅开创了"蒸汽时代"，也因占领了工业动力市场而使瓦特获得了不小的经济收益。

废除奴隶贸易：
结束可怕的罪行

　　在人类历史上，曾经出现过残酷的奴隶制度。在那种制度下，一个人完全属于另一个人，为他干活，甚至连生命都不属于自己。在古罗马时代，奴隶们甚至被奴隶主驱赶到角斗场，或与虎、狮搏命，或互相厮杀，供观众取乐。

　　后来，野蛮的奴隶制度被废除了。但是，从15世纪中期开始到19世纪，西方列强从非洲大陆掳走大量黑人，把他们贩运到美洲各地做奴隶，为农场主干活。这就是历史上臭名昭著的奴隶贸易。

　　运到美洲的黑奴，在种植园主或矿山主的残酷对待下，有三分之一在到达美洲的前3年死去，大多数人活不到15年。每成功运送1个奴隶到美洲，就会有5个奴隶死在追

捕和贩运途中。这项罪恶的贸易竟然持续了约400年之久！从非洲运到美洲的奴隶估计有1200万～3000万。整个非洲大陆因奴隶贸易损失的人口至少有1亿，相当于1800年这一年的非洲的人口总数。

最先从事奴隶贸易的是葡萄牙，然后西班牙、荷兰、英国、法国等国家先后加入了这项惨无人道的奴隶贸易活动中。殖民者偷袭黑人村庄，烧毁房屋，捆着黑人押往停泊在岸边的贩奴船。往往一夜之间，和平宁静的黑人村庄就变为荒无人烟的废墟。后来殖民者挑动部落之间进行战争，以便在交战中俘虏双方部落的人，卖给欧洲的奴隶贩子。

不堪剥削的黑人奴隶逃跑、怠工、破坏生产，引发暴动，他们联合起来与殖民者进行对抗。经过艰苦的斗争，英国议会于1807年通过了《废除奴隶贸易法案》，并在1833年彻底废除了奴隶制度。

1862年9月22日，当时的美国总统林肯颁布《解放黑人奴隶宣言》，为奴隶制在美国的最终废除奠定了基础。

恐怖的白色城堡

1482年，葡萄牙殖民者在非洲的加纳修建了一座漂亮的白色建筑——埃尔米纳城堡。

这是非洲第一座专门用于奴隶贸易的建筑。在随后的300年间，数千万非洲人被囚禁在这座城堡中，等待被运往美洲的悲惨命运的降临。

可以说，这座城堡是奴隶贸易的最好见证。现在，每年都有很多来自美洲的黑人奴隶的后裔来到这里，提醒自己不要忘记那段辛酸的历史。

巨额的利润

殖民者在长期贩卖黑人的过程中，逐渐形成了一套一本万利的"奴隶贸易制度"。

他们贩运奴隶一般采取"三角航程"：贩奴船满载着交换奴隶用的枪支弹药和廉价消费品，从欧洲港口出发，航行到西非海岸，称为"出程"；在西非海岸用

货品交换大批奴隶，然后横渡大西洋，驶往美洲，称为"中程"；在美洲用奴隶换取殖民地的原料和金银，运回欧洲，称为"归程"。

一次"三角航程"需要6个月的时间，在此过程中，奴隶贩子通过贩卖奴隶可以获得100%～1000%的利润。

死亡航程

奴隶贩子为了多赚钱，把奴隶塞进船舱，让他们蜷着身体、人挨人地挤在一块儿。运载奴隶的船总是超载一倍以上。

船舱拥挤、潮湿，空气污浊，这样的环境经常会诱发传染病，奴隶贩子会把患病的奴隶抛入大海。如果航行途中遇到恶劣的天气，延误了航期，致使船上淡水、食物不足，这时奴隶贩子也会把部分奴隶抛入大海，残忍至极。所幸可怕的奴隶贸易已成为历史，真希望今后的世界少一点杀戮，多一点和平。

听诊器：
医生的魔法笛子

1816年9月的一天，几个法国孩子在木料堆上玩耍。其中有个孩子用一枚大铁钉敲击着一根木料的一端，并让其他孩子把耳朵贴在木料的另一端倾听。

"听到了吗？"孩子们互相询问。正当他们玩得高兴的时候，雷奈克医生路过了那里，他被孩子们的游戏吸引住了，不自觉地停下了脚步。他站在那里看了很久，然后兴致勃勃地走过去问："孩子们，能让我也来听听这声音吗？"孩子们愉快地答应了。

雷奈克医生把耳朵贴着木料的一端，认真地听孩子们用大铁钉敲击木料的声音——"听到了吗，先生？""听到了，听到了！"

又过了几天，也就是1816年9月16日，雷奈克医生出诊了一位病人，需要听一听她的心跳声。但这位年轻的女病人体形比较肥胖，以手敲诊或触诊断根本不起作用，而将耳朵

贴在患者的胸口进行诊断又不被当时的风俗所允许，怎么办呢？雷奈克灵机一动，马上叫人找来一张厚纸，将纸紧紧地卷成一个圆筒，将圆筒的一头按在年轻女士心脏的部位，另一头贴在自己的耳朵上。果然，年轻女士心脏跳动的声音，甚至一些轻微的杂音都被雷奈克医生听得一清二楚。

雷奈克回家后，马上找人专门制作了一根空心木管，木管长30厘米，直径为0.5厘米。为了便于携带，他将木管从中间分为两段，用螺纹将其连接起来，这就是世界上第一个听诊器。因为这种听诊器的样子像笛子，所以又被称为"医生的笛子"。

有时，改变就在一瞬间，也正是这样一个卷起的纸筒，让临床医学向前迈进了一大步。后来，听诊器经过不断改进，已经成为医生们常用的诊断工具。

漫长的改良

1840年，英国医师乔治·菲力普·卡门改良了雷奈克设计的单耳听诊器。

卡门认为，双耳听诊能更准确地诊断病情。他发明的听诊器是将两个耳栓用两条可弯曲的橡皮管连接到可与身体接触的听筒上，听诊器是一个中空的圆锥体。

后来，人们又在双耳听诊器的基础上，增加了第二个可与身体接触的听筒，这样可产生立体音响的效果，能帮助医生更准确地找出病人的病灶所在。

虽然新型听诊器不断问世，但现在医生们普遍使用的仍是由雷奈克医生设计、经卡门医生改良的双耳听诊器。

名医雷奈克

雷奈克不仅在求学时学习成绩优异，而且在学术研究上也有所成就。比如他在研究酒瘾患者因受损而结痂的肝脏时，发现了肝上有暗棕色的特殊光泽，便使用希腊文的

"暗褐色"来形容它，后来此病也因此而被命名为"雷奈克氏肝硬化"。

直到现在，一些医生听到雷奈克的名字，首先想到的是肝硬化，而不是听诊器。

高科技听诊器

电子听诊器：这种听诊器利用电子技术放大了身体的声音，克服了声学听诊器噪音大的缺点。这种听诊器可以与电脑相连，把声音信号变为电子信号。

拍摄听诊器：某些电子听诊器具有音频输出功能，可以将其与笔记本电脑等外部的记录装置连接，用它们保存下这些声音，再通过听诊器耳机听先前录制的声音。这样医生便可深入了解患者的病情，进行远程诊断。

多普勒听诊器：这是一种电子装置，测量超声波在身体器官内的反射波的多普勒效应，尤其适合监测持续运动的器官，如跳动的心脏。

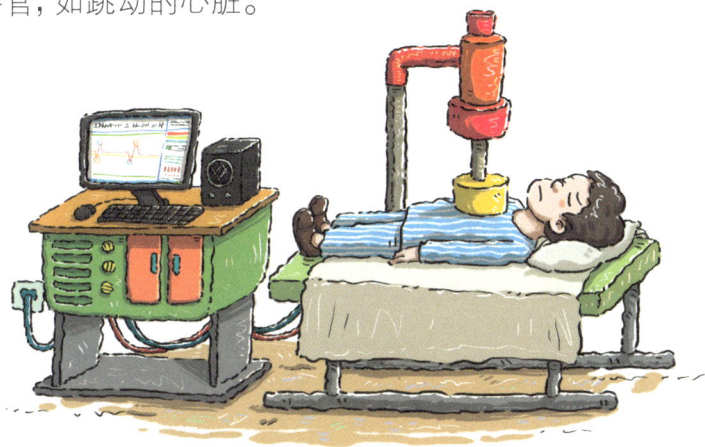

电磁效应：
开启电气时代

　　你一定玩过磁石吧？磁石与铁会互相吸引。我们的生活离不开电，电灯、电视、电脑等都要用到电，但电是从哪里来的？你知道电和磁石之间有什么关系吗？

　　这两者之间的关系是英国科学家法拉第通过研究后发现的。1791年9月22日，法拉第出生在一个贫苦的铁匠家庭。由于贫困，他无法上学，只好到一个书商家里当学徒。法拉第带着强烈的求知欲望，如饥似渴地阅读各类书籍，汲取了许多自然科学方面的知识，尤其是《大英百科全书》中关于电学的文章，强烈地吸引着他。

　　他努力将书本中的知识付诸实践，进行简单的化学和物理实验。他还与朋友们建立了一个学习小组，常常在一起讨论问题，交流思想。

　　1831年，法拉第通过实验发现，用电池给一组线圈通电（或断电）的瞬间，另一组线圈会获得感应电流。同年，法拉第又发现，当磁体与闭合线圈相对运动时，在闭合线圈中会产生电流，由此发现了"电磁感应"现象。

　　这一实验促成了人类历史上一个伟大的电学发明——

第一台发电机问世了！发电机的发明奠定了电磁学的实验基础，把人类带到了电气时代，再次引发了工业革命。

　　但看似简单的实验背后是法拉第长期的努力。1821年，法拉第在读过奥斯特关于电流磁效应的论文后，被奥斯特的实验深深地吸引了。法拉第分析了奥斯特的实验后认为电与磁是可以共存的。既然电能生磁，他坚信磁亦能生电。此后，他经过10年艰苦探索，历经多次失败后，终获成功。

　　法拉第把人类带到了电气时代，后世的人们在享受他带来的科学成果的同时，没有忘记这位伟人，为纪念他的功绩，人们选择将"法拉"作为电容的国际基本单位。

拒绝年金

1835年，英国内阁首相罗伯特·皮尔爵士建议设立一种年金，将年金奖给在科学或者文学领域做出突出贡献的人。皮尔首相很赏识法拉第，因此准备将科学奖授予法拉第。

法拉第知道这个消息以后，立刻给首相写了封信，表示自己可以自食其力，坚决拒绝了这份年金。

在寄出这封信以前，所有知道此事的朋友都试图劝阻法拉第，他们觉得这样做有些失礼，而且他的生活其实很窘迫。但法拉第坚持己见，拒绝了这笔不菲的奖金。

以出身平民为荣

1835年，圣诞节刚过不久，一家报纸在头版头条登出了法拉第的相片，并用醒目的黑体字写道："迈克尔·法拉第教授即将被授予爵士爵位。"法拉第对此一笑了之。

很快从内阁传出消息，皇室的确考虑要封法拉第为爵士。但是当内阁几次派人向法拉第说明此事时，他竟然都谢绝了。他告诉人们："我以出身平民为荣，并不想变成贵族。"

热心科学传播

法拉第非常热心于科学传播工作。在他担任皇家研究所实验室主任后不久，即发起了星期五晚间讨论会和圣诞节少年科学讲座。

他在星期五晚间讨论会上做过100多次讲演，在圣诞节少年科学讲座上坚持讲演了19年。

法拉第为了坚持科学传播事业，放弃了一切有丰厚报酬的商业性工作。1857年，他谢绝了英国皇家学会会长的提名，始终心甘情愿地以平民的身份履行着自己献身科学的诺言。

红十字国际委员会成立：
人道主义的力量

1859年6月24日傍晚，一位名叫亨利·杜南的瑞士商人在途经一个叫索尔费里诺的小镇时，目睹了一场残酷的战役——仅仅一天之内，竟有约4万名战士伤亡。

亨利·杜南震惊于战争的可怕，更震惊于受伤战士的痛苦和他们缺乏急救及基本护理的现实。他彻底放弃了计划好的旅行，投入帮助救治和护理伤者的工作中。

他动员当地居民不带歧视地提供援助，伤员的救治工作因此收到了良好的成效。回到瑞士，他呼吁建立一个中立的组织，为战场上的伤病员提供保护。

1863年，亨利·杜南与4名瑞士人一起建立了"伤兵救护国际委员会"。1864年8月，12个国家于日内瓦签署了第一个《日内瓦公约》。公约规定：救护车、军用医院和医务人员都被认为是中立的，应受到交战各方的保护和尊重；伤病士兵不论来自哪个国家，都应予以保护和治疗；采用统一的白

底红十字作为识别标志。这就是红十字国际委员会成立的过程。

红十字国际委员会的总部设于瑞士日内瓦，致力于保护国内和国际性武装冲突的受害者。它是一个广受赞誉的组织，也是世界上获得最广泛认可的国际性组织之一，于1917年、1944年和1963年三次荣获诺贝尔和平奖。

终身慈善

1901年，亨利·杜南和弗雷德里克·帕西（国际和平联盟和各国议会联盟创始人之一）共同获得首届诺贝尔和平奖。

虽然晚年的杜南很贫穷，但是他一直没有动用诺贝尔奖所提供的奖金，最后他把大部分的奖金捐给了挪威与瑞士的慈善机构。

1948年，即亨利·杜南逝世38年后，红十字国际委员会第二十届理事会决定把每年的5月8日，也就是亨利·杜南的生日，定为"世界红十字日"。

战俘信件

第一次世界大战期间，红十字国际委员会的国际战俘局作为独立于交战各方的中间机构，其职责之一就

是帮助战俘传递家信并开展寻人工作。

红十字国际委员会此举的目的是为被关押者的家庭带去希望和慰藉，并借此缓解他们对家人未卜命运的担忧。

战争结束后，红十字国际委员会动用了所有力量，先后将约42万名被关押者送回他们的祖国，让这些饱受战争伤害的人得以和家人团聚。

为红十字会工作

1963年，正值红十字国际委员会创建100周年之际，它第三次荣获诺贝尔和平奖。

自1993年起，非瑞士籍公民也可作为红十字国际委员会派驻国外的代表。而在此之前，驻外代表则严格限制为瑞士籍公民。此后，红十字国际委员会非瑞士籍会员的比例迅速增加，可见和平是世界各国人民的共同愿望。

遗传学：
豌豆里的秘密

    不知道你是否曾经有过这样的疑惑：为什么班上所有的同学都长得不一样呢？为什么我长得有点像爸爸，又有点像妈妈呢？

    其实，这些问题都可以从遗传学的角度来解释。不过，告诉你一个小秘密：如此深奥的科学是在一块豌豆地里获得重大进展的呢！

    1857年，捷克布尔诺南郊的农民们发现，修道院里来了一个奇怪的人。这个"没事找事"的怪人在修道院后面开垦出一块豌豆田，终日用木棍、树枝和绳子把四处蔓延的豌豆苗支撑起来，让它们保持"直立的姿势"，他甚至还小心翼翼地驱赶传播花粉的蝴蝶和甲虫。

    这个人名叫孟德尔。在当时的欧洲，人们热衷于通过植物杂交实验了解生物遗传和变异的奥秘，而研究遗传和

变异首先要选择合适的实验对象，孟德尔选择了豌豆。

1857年夏天，孟德尔用34粒豌豆种子开始了他的工作，虽然他的一系列实验被人们称为"毫无意义的举动"，但他还是坚持了8年。

直到1865年，他终于发表了题为《植物杂交试验》的论文，提出了遗传因子（现称为"基因"）、显性性状、隐性性状等重要概念，并揭示出遗传学的两个基本规律——分离定律和独立分配定律。

这两个重要规律的发现，为遗传学的诞生和发展奠定了坚实的基础，也是令孟德尔名垂后世的重大科研成果。

分离定律和独立分配定律被发现后，人们终于能够解释各种遗传现象，并将之延伸到农林科学等领域。

我们为什么会长得像爸爸妈妈?

　　我们的身体是由数万亿个细胞构成的。细胞里面有细胞核,细胞核中有细长的丝状染色体,存在于染色体上的一段能够遗传且具功能性的 DNA 序列被称为"基因"。我们之所以会长得像爸爸妈妈,就是因为基因的关系。基因让每个人都拥有了独特的样子,我们的性别、虹膜颜色、头发颜色等身体特征,都是由基因决定的。

　　染色体内含"基因密码",能把父母的身体特点遗传给子女。其中,决定人的性别的染色体叫作性染色体。正常人体内有22对常染色体和1对性染色体。子女会从父母那里各得到一半基因,结合成完整的染色体。

杂交水稻

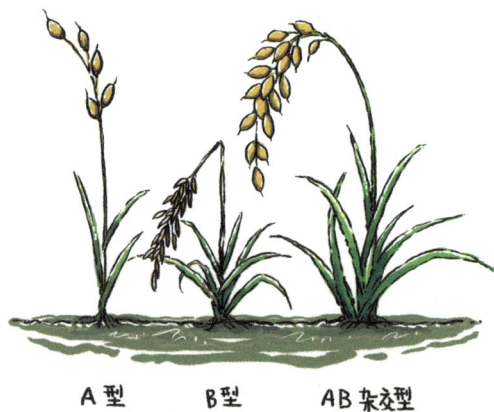

A 型　　B 型　　AB 杂交型

　　孟德尔遗传学原理被应用在杂交水稻上,解决了很多人的吃饭问题。选择两个在遗传学上有一定差异、同时两者的优良性状又能互补的水稻品种进行杂交，就会产生杂交水稻。在同样的条件下，杂交水稻的产量比普通水稻的产量高约两成。1979年，袁隆平在菲律宾国际水稻研究所举办的国际会议上，首次向世界其他国家报告了杂交水稻的研究成果，引起了国外专家的关注。1980年，中国的杂交水稻技术正式输出美国。此后，在印度、越南等国家，杂交水稻种植也取得了显著的成功。

不约而同的发现

1900年，荷兰人德弗里斯、德国人科伦斯、奥地利人切尔马克通过实验，几乎在同一时期发现了植物遗传的规律。

发表论文需要介绍前人的研究情况，于是三个人分别去图书馆查阅文献资料。结果，他们不约而同地发现，早在35年前，孟德尔的论文中已经提出了植物遗传规律。

钦佩之余，三个人在各自发表的论文中，都谈到了孟德尔的学说，并谦虚地说自己只是证实了已经去世的孟德尔的观点。

巴氏消毒法：
挽救了葡萄酒厂

我们经常喝牛奶。通常，刚挤出来的牛奶并不能直接饮用，只有经过消毒后，人喝了才不会拉肚子。可是你知道该怎么给牛奶消毒吗？

目前，世界上应用最广泛的消毒方法是巴氏消毒法。在英国、澳大利亚、美国、加拿大等国家，巴氏消毒奶的消耗量已经占到液态奶总消耗量的80%以上。而发明这种消毒方法的人，就是100多年前的法国微生物学家巴斯德。

早在19世纪，法国的啤酒业、葡萄酒业在欧洲很有名，但啤酒、葡萄酒常常会因为温度、湿度的变化而变酸。整桶芳香可口的啤酒，变成了酸得让人不敢碰的黏液，最后不得不忍痛倒掉，这让酒商们叫苦不迭，有些人甚至因此而破产。

1856年，法国里尔的一家酿酒厂厂主请求巴斯德的帮助，希望他能找到防止葡萄酒变酸的办法。

巴斯德答应研究这个问题。他在显微镜下观察，发现未变质的陈年葡萄酒液体中有一种圆球状的酵母细胞，当葡萄酒或啤酒变酸后，酒液里有一根根细棍似的乳酸杆菌，就是这些"坏蛋"在营养丰富的葡萄酒里繁殖，使葡萄酒变酸了。

巴斯德把密封的酒瓶放在铁丝篮子里，泡在水里加热到不同的温度，希望找到一个方法，既能杀死这些乳酸杆菌，又不至于把酒煮坏。

经过反复的试验，他终于找到了一个简便有效的方法：把啤酒加热到50℃至60℃，持续半小时，就能达到既消灭乳酸杆菌又不破坏啤酒口感的效果。这就是后来被广泛应用的巴氏消毒法。

用巴氏消毒法消毒，不会让牛奶失去风味，巴氏消毒法也是目前世界上最先进的牛奶消毒方法之一。只要在4℃左右的温度下保存巴氏消毒奶，在几天之内饮用都是比较安全的。

致命的微生物

在巴斯德生活的时代，医学水平较为落后。在接受外科手术时，患者常常会因为败血症而死亡。医生格兰怀疑伤口化脓与空气中的微生物有关，便邀请巴斯德一同对此进行研究。

巴斯德是个善于思考的人，他不禁联想到：人和动物的某些疾病，是否也跟微生物有关呢？后来，经过多次实验，巴斯德终于证明传染病和伤口化脓的始作俑者都是微生物。

于是，巴斯德建议在进行外科手术时，先将手术器具放在火焰上灼烧，以杀灭那些致命的微生物。但遗憾的是，当时大多数医生并不认同巴斯德的说法。

挽救畜牧业

巴斯德还研究了鸡的霍乱病。他经过多次实验后发现，这种致病的微生物能在鸡软骨做成的培养基上很好地生长。

一小滴新鲜的培养物能迅速杀死一只鸡。当用腐朽的、不新鲜的培养物给鸡接种时，它们几乎都只有一些轻微的症状，并能很快恢复健康。再用新鲜的、有毒的培养物给这些鸡接种时，它们便对这种病有了较强的抵抗力。

就这样，巴斯德用预防注射的方法使鸡对鸡霍乱病产生了免疫力，从而使畜牧业免受灭顶之灾。

发明狂犬疫苗

1885年7月6日，9岁的法国小男孩梅斯特被一只疯狗咬伤，医生诊断后宣布他生存无望。然而，巴斯德却不放弃，在11天内给梅斯特注射了十几支新研制的狂犬病疫苗。两周后，梅斯特转危为安。

巴斯德终于解决了狂犬病难题，被誉为"狂犬病的征服者"。1888年，为表彰他的杰出贡献，法国成立了巴斯德研究所，由他亲自担任所长。

化学元素周期表：
纸牌玩出的科学奥秘

世间万物都有着自身的规律，就看我们能不能发现。英国化学家纽兰兹首先发现了化学元素的周期性，而俄国化学家门捷列夫，在纽兰兹研究的基础上经过总结与改进，编制出了化学元素周期表，揭示了化学元素之间的内在联系。

原子是组成单质和化合物分子的基本单位，是物质在化学变化中的最小微粒。门捷列夫的化学元素周期表，开创了化学发展的新时代。

门捷列夫曾编写教学教材，但是他在授课的过程中遇到了难题：当时化学界发现的化学元素已达63种，那么到底应该按照什么次序来排列它们呢？

为了寻找科学的元素分类方法，门捷列夫不得不研究化学元素之间的内在联系。于是他找来一些白色卡片，把已发现的元素的信息都写在卡片上。每一张卡片上都写有元素名称、原子量、化合物的化学式和元素的主要性质。门捷列夫把它们分成几类，然后摆放在一张宽大的实验台上。

接下来的日子里，门捷列夫把元素卡片进行了系统的整理。他的家人看到一向珍惜时间的教授突然开始对"纸牌游戏"感兴趣，都感到十分奇怪。门捷列夫专心致志，每天像玩纸牌那样将元素卡片收起、摆开，再收起、再摆开，皱着眉头反复摆弄……

冬去春来，门捷列夫没有在杂乱无章的元素卡片中找到内在的规律。有一天，他又坐到桌前摆弄起"纸牌"，摆着摆着，他因为疲劳睡着了。睡梦中，在他面前竟然出现了一个神奇的景象——元素们根据相对原子质量的大小排列成一张"元素周期表"。

"天哪，这真是我人生中最美好的一天！"门捷列夫兴奋得立刻清醒过来。这一天，他终于发现了化学元素之间的规律！之后，经过长期艰苦的研究，1869年2月，门捷列夫终于编制出一份包括当时已知的全部63种化学元素的化学元素周期表，揭示出了元素之间具有周期性变化的规律。1871年，他重新修订了化学元素周期表，将竖列的表格改为横排，突出了元素族和周期的规律性，并划分了主族和副族，使之基本上具备了现代化学元素周期表的形式。

元素的"音乐性"

当你用手指敲击钢琴的白色琴键，随着手指向右移动，"哆—来—咪—发—嗦—拉—西"的声音也随之响起。而当你敲到第八个琴键时，钢琴发出的声音听起来又和第一个"哆"差不多了，只是音调提高了一些而已。

1865年，英国化学家约翰·纽兰兹将当时已经发现的化学元素按其相对原子质量和性质排列成一张表。他发现，从任何一种元素数起，每数到第八个元素，它的性质就和第一个元素的性质相近，他把这个规律称为"八音律"（人们称之为"纽兰兹八音律"）。

"短暂住户"

1923年，国际原子量委员会做出决定：化学元素是根据原子核电荷的多少对原子进行分类的一种方法；把核电荷数相同的一类原子称为一种元素。到2019年为止，共有118种元素被发现，其中94种存在于地球上。

人们普遍认为化学元素周期表没有终点。不过再发现新元素将越来越困难，因为许多人工合成新元素的寿命很短。而国际纯粹与应用化学联合会（IUPAC）规定：一种元素只有它的寿命大于10^{-14}秒，才可以被认为是一种元素。所以很多新元素只能是化学元素周期表的"短暂住户"，而非正式成员。

第119号元素

那张由睡梦中的灵感而来的化学元素周期表，被视为近现代化学理论诞生的标志，它深刻反映了量子力学基本规律与化学原理之间的关系。化学元素周期表的发明意义重大，科学家可以用它来寻找、合成新的元素及化合物。2015年12月30日，国际纯粹与应用化学联合会宣布第113、115、117、118号元素存在，它们将由日本、俄罗斯和美国科学家命名。

到目前为止，人类已经发现了118种元素，其中，最后的26种元素（从第92号元素往后）都是人工合成的。而合成"第119号元素"的竞争，也早已拉开帷幕。随着中国超重元素研究加速器装置的不断更新换代，中国也具备了与国际先进实验室在新元素合成方面竞争的能力。谁将揭开"第119号元素"的神秘面纱？我们将拭目以待。

内燃机：
让汽车的"心脏"跳得更有力

如今，人们出行几乎离不开汽车。你知道汽车的动力是从哪里来的吗？其实，汽车的动力是由汽车的发动机提供的。我们往汽车里加入汽油，为发动机提供动力，这样汽车就能跑起来啦。

说起来简单，汽车发动机（也叫内燃机）却是一个复杂的机器，经过很多人不断完善才成为今天的样子。而内燃机的发明者是一位德国的工程师——奥托。

在奥托之前，1860年，法国人勒努瓦发明了一种使用气体燃料的发动机。不过，这种发动机的热效率极低，仅为4%左右，消耗的燃料却比蒸汽机多得多。

奥托知道，只要用简单的引火方法，就能将石油或酒精蒸气引爆。于是，他一次又一次制作各种气缸，进行引爆试验以推动活塞，但结果无一成功。

奥托从失败中总结教训，不断调整混合燃气和空气的比例。奥托心想：要是让一个冲程进气，第二个冲程压缩，第三个冲程点火发动，最后一个冲程把燃烧废气排出气缸，那该多好！这种四个冲程的内燃机的构想，使奥托更加接近成功了。

1876年，奥托终于设计出一个改良了的点火系统，有了这个系统，就可以制造出一台实用的四冲程内燃机。第一台样机于1876年5月制成。四冲程内燃机的功率和性能具有明显的动力优势，因此大获成功。

之后，奥托又完善了内燃机。不久，内燃机被装到车上，新型的交通工具——汽车诞生了；内燃机被装到轮船上，大大加快了船只的航行速度。可以说，内燃机的发明引发了一场交通工具的革命。

躲在被子里学习

因为父亲生病，年幼的奥托不得不早早承担起家庭的重担。他中断学业，前往德国科隆，在一个小工匠铺赚些钱养家糊口，而且在那里工作了好几年。

他并没有因此放弃学习，他白天努力工作，晚上则躲在被窝里看关于机械的书籍。这段艰苦的生活经历培养了他不屈不挠的奋斗精神，为他日后战胜一个又一个困难奠定了基础。

不为金钱所困

奥托改良的内燃机很快走出德国，卖到了欧洲的其他国家，甚至连美国的商人都不远万里专程来拜访奥托。奥托依靠自己的发明很快赚得盆满钵满，但他并没有被金钱冲昏头脑，而是一直致力于改进技术，不断对产品进行升级、完善。

正是在这种创新精神的鼓励下，1876年，四冲程内燃机才得以问世，并取得了巨大成功。

奥托的一生都致力于改善内燃机的动力系统，他的生命已经和科学融为一体。1891年，奥托在精神世界的无限满足和物质世界的极度富有中去世，享年59岁。

更新内燃机

早期的内燃机是以煤气为燃料的煤气机。煤气机虽然比蒸汽机更具有优势，但在需要大规模生产的环境下，煤气机仍不能满足交通运输业的需求。到了19世纪下半叶，随着石油工业的兴起，石油产品渐渐取代煤气被用作内燃机的燃料，大大提高了工作效率。

如今，电动汽车等新能源汽车飞速发展，科技继续改变着人们的生活。

现代奥林匹克运动:
体育无国界

你有没有想过，世界这么大，各种语言、各种肤色的人如何交流？其实全世界的人们有一个共通的"语言"——体育运动。

通过体育比赛，大家能够增进友谊、交流沟通，这也是人们举办世界性体育赛事的重要目的。

奥林匹克运动会就是这样的体育盛会。不过，最初的奥林匹克运动会只是古希腊人的运动会，它从公元前776年开始，到公元393年为止，共举行了293届。之后，奥林匹克运动会被罗马皇帝狄奥多西一世禁止。

就这样，奥林匹克运动沉寂了上千年。19世纪末，法国人顾拜旦提出了恢复奥林匹克运动会的建议。

1892年，顾拜旦发表了《复兴奥林匹克运动》的演说，正式提出创办现代奥林匹克运动会的想法。

1894年6月，在顾拜旦的推动下，在巴黎召开了国际体育会议。6月23日，国际奥林匹克委员会正式成立。顾拜旦倡议、主持制定了第一部《奥林匹克宪章》，确定了现代奥运会的指导思想，获得了来自12个国家的代表们的一致认可。这次会议决定于1896年在奥林匹克运动的发祥地希腊举行第一届现代奥运会，以后则按照古希腊传统每4年举行一次。

　　1896年4月6日，第一届夏季奥林匹克运动会在希腊雅典举行。在开幕式上，希腊国王乔治高度赞扬了顾拜旦对世界体育事业做出的杰出贡献。

　　在100多年后的今天，奥运会不仅是体坛的盛事，更是广受人们喜爱、关注的盛大活动，吸引着世界各国的运动员和所有热爱体育运动的人。

特殊的奖品

　　1896年，在第一届现代奥林匹克运动会上，冠军获得的是一枚银牌、一束橄榄枝和一张证书，亚军获得的是一枚铜牌、一束月桂枝和一张证书。第二届夏季奥运会在法国巴黎举行，作为巴黎世博会的一部分，主办方希望颁发"特别富有艺术意义"的奖品，于是给每位参赛者颁发了一枚长方形的纪念奖牌。奖牌的正面图案是带翼女神双手捧着月桂枝冠；背面图案则是一名夺冠运动员站在领奖台上，右臂高高举起，手上握着一束月桂枝。

举世瞩目的北京奥运会

　　2008年8月8日至8月24日，第二十九届夏季奥林匹克运动会在中国北京举行。此次奥运会的吉祥物"福娃"，其造型设计融入了鲤鱼、大熊猫、圣火、藏羚羊以及燕子的形象，它们向世界各地的孩子们传递友谊、和平、积极进取的精神、人与自然和谐相处的美好愿望。而此次奥运会的口号——同一个世界，同一个梦想(One World,One Dream)，更是体现了奥林匹克精神的实质：团结、友谊、进步、和谐、参与和梦想。这表达了全世界人民追求美好未来的共同愿望。

来自学校的口号

奥林匹克运动有一句著名的格言："更快、更高、更强。"这一格言最初来自顾拜旦的好友迪东。他在学校的一次户外运动会上，鼓励自己的学生们时说道："在这里，你们的口号是更快、更高、更强。"

后来，顾拜旦将这句话用于奥林匹克运动。他说："奥林匹克运动最重要的不是胜利，而是参与；正如在生活中最重要的事情不是成功，而是奋斗；最本质的事情并不是征服，而是奋力拼搏。"

2021年，这句格言又加上了"更团结"一词，奥林匹克格言自此变为"更快、更高、更强——更团结"，这个变化是要告诉所有人：人类社会属于同一个命运共同体，只有顺应时代潮流、共同努力，才会有更加繁荣、和谐的美好未来。

X射线:
看清楚身上的每一块骨头

　　如果给你一副眼镜,戴上之后能够看到人的骨骼,你会不会觉得很神奇?X射线可以帮助人们看到人体内的骨骼。X射线是德国科学家伦琴发现的,这个发现让他在1901年获得了诺贝尔物理学奖。

　　1895年11月,一个寒冷的傍晚,伦琴像往常一样走进实验室做放电实验。可这一次,他突然发现了一个奇特的现象:放电实验透出的阴极射线,竟然让旁边工作台上的一块涂有氰亚铂酸钡的纸屏发出了荧光。伦琴敏锐地察觉到,纸屏发出的荧光并不是阴极射线,因为阴极射线只能穿透几厘米的空气,而纸屏距离放电管大约一米远。

伦琴随手拿起一本书，把它挡在放电管和纸屏之间，神奇的事情发生了，这种射线竟然能穿透固体物质！伦琴抑制不住内心的激动，接连几天，他把自己关在实验室里，并给这位神秘的"不速之客"起了一个名字——X射线。

有一天，他无意之中把手挡在放电管和屏幕之间，眼前的景象让他惊呆了——他清楚地看到每根手指的轮廓，并隐约看到了手掌骨骼的阴影！

一天，伦琴的妻子来到实验室，他问妻子："你愿意做我的实验对象吗？"妻子见丈夫一本正经的样子，勉强同意了。她小心翼翼地把手放在装有照相底片的暗盒上，伦琴用放电管对着她的手照射了15分钟。当他把照片送到妻子面前时，妻子被吓得浑身打战——她简直不敢相信，自己丰润的手在照片里竟然骨骼毕露！

这是历史上最早的X射线照片。伦琴给这种射线起的名字被沿用至今，现在我们去医院，拍的X光片就是利用了伦琴发现的这种射线，它被广泛应用在医学、工业领域，成为人类的重大发现之一。

没有发言的获奖者

伦琴发现X射线的时候已经是著名的科学家了。发现X射线后，他获得了诺贝尔奖。当时，诺贝尔奖刚刚设立，他的获奖也在一定程度上提升了这个新奖项的声誉。

然而，伦琴却没有按照诺贝尔奖章程的要求发表获奖感言。因为这位著名的科学家不爱在公众场合露面，一生中多次避开这样的发言机会。

以"伦琴"命名

伦琴一生在物理学领域进行了诸多研究工作，不过因为他发现了X射线并获得了巨大的荣誉，以至于其他的贡献大多不为人所注意。

为了纪念伦琴的成就，X射线在许多国家被称为伦琴射线。另外，第111号化学元素铊（Rg）的名字得自伦琴。

在伦琴的祖国德国，有许多以伦琴的名字命名的学校、街道和广场。由于伦琴在物理学方面有许多杰出成就，在德国的吉森市、柏林市和伦琴的出生地伦内普镇都建有伦琴纪念碑。

X射线的"光芒"

X射线的发现，轰动了当时的国际学术界，伦琴的论文《一种新射线——初步报告》在3个月之内就重印了5次，并被译成英、法、意、俄等文字广泛传播。伦琴还应邀到柏林皇宫，当着威廉皇帝和王公大臣们的面进行了演示。

X射线作为19世纪和20世纪之交的三大发现之一，极大地激发了学术界的研究热情。据统计，仅在1896年一年内，世界各国发表的与X射线相关的论文就有1000多篇。

发现人类血型：
挽救了无数的生命

你知道自己的血型吗？是A型、B型、AB型还是O型血？据说，不同血型的人有不同的性格呢。

今天，我们去医院可以很方便地检测出自己的血型。但是，你知道吗？在20世纪之前，人们根本不知道血型这种东西。

1818年，英国妇产科医生布伦德尔成功做了第一例人与人之间的输血手术，挽救了一名因分娩时大出血而生命垂危的产妇。医学界一时掀起了"输血疗法"的热潮，但这种疗法的死亡率也相当高。

1900年，奥地利生理学家卡尔·兰德施泰纳在维也纳病理研究所工作时，做了一项实验。他将22位同事的血液进行交叉混合，发现某些人的血浆能引起另一些人的红细胞凝聚，但有的却没有出现红细胞凝聚的情况。兰德施泰纳将这些实验结果记录在一张表格中，通过仔细分析、研究后，他认为人类的血型可以分为A、B、O 3种。

你也许会觉得奇怪，按照英文字母的排列顺序，"A"后面是"B"，"B"后面应该是"C"，可为什么血型的排列偏偏不按顺序，而非要在"B"后面安排一个"O"呢？据说，兰德施泰纳最开始没有发现"AB型"血的存在。那时，他所阐述的"O型"并不是英文字母"O"，而是阿拉伯数字"0"，意思就是，这种血型与其他血型没有反应（反应=0）。

没想到，1902年维也纳大学的德卡托罗和史托力尔又发现了一种血型——AB型，这样便有了4种血型。这种分类方法得到了医学界的普遍认同，并开始在全世界推广传播。据说在文字记录中，有人将阿拉伯数字"0"误传成了英文字母"O"。

1921年，世界卫生组织正式将人类的血型分类为A型、B型、AB型和O型4种。

兰德施泰纳因为发现了人类"ABO血型系统"，在1930年获得了诺贝尔生理学或医学奖。

动物也有血型

过去，人们认为只有人类才有血型。现在我们知道，狗、鸡等许多动物都有血型系统。

生长在美国缅因海湾的角鲨有4种血型。家畜也有血型，例如马有4种，牛有3种，猪也有4种。黑猩猩的血型主要是O型或A型，猩猩的血型是B型，大猩猩的血型既有B型也有A型，长臂猿的血型有A型、B型及AB型。

植物也有"血型"

科学家研究发现：萝卜、葡萄、山茶、山槭、卫矛等的"血型"为O型；扶芳藤、罗汉松、大黄杨等的"血型"为B型；荞麦、金银花等的"血型"为AB型。另外，枫树有O型和AB型两种"血型"，到了秋天，"O型血"的枫树树叶变红，"AB型血"的则泛黄。更有趣的是，科学家研究了500多种被子植物和裸子植物的种子及果实，发现其中60种是"O型血"，24种是"B型血"，还有一些植物是"AB型血"，但就是没有找到"A型血"的植物。

多种血型

我们所说的血型，通常是指红细胞的分型，其依据是红细胞表面是否存在某些可遗传的抗原物质。截至2022年11月，全球已知的血型系统达到了44种，最新的一种血型系统被称为"Er血型系统"，大多数人应该没有听过这种"奇怪的"血型。这是因为与临床关系最密切、最被人们熟知的是红细胞"ABO血型系统"及"Rh血型系统"。

世界献血者日的来历

2001年，在南非约翰内斯堡举办的第八届自愿无偿献血者招募国际大会上，世界卫生组织、红十字会与红新月会国际联合会、献血者组织国际联合会、国际输血协会联合倡导，将"ABO血型系统"的发现者卡尔·兰德施泰纳的生日——6月14日定为"世界献血者日"。2004年6月14日是第一个世界献血者日。2005年，第五十八届世界卫生大会认可"世界献血者日"为国际性纪念日。

诺贝尔奖：
国际最高荣誉

　　众所周知，诺贝尔奖专门奖励在特定领域对人类做出杰出贡献的人。每年的12月10日16时30分，隆重的诺贝尔奖颁奖典礼分别在瑞典首都斯德哥尔摩和挪威首都奥斯陆两地举行：和平奖得主由挪威国会主席在奥斯陆市政厅举行的仪式上授奖，其他奖项的得主由瑞典国王在斯德哥尔摩音乐厅举行的仪式上授奖。

　　为什么颁奖典礼定在这个日子呢？因为诺贝尔奖的创始人——瑞典的著名化学家阿尔弗雷德·贝恩哈德·诺贝尔于1896年12月10日16时30分逝世。

　　诺贝尔不仅是一位伟大的化学家，还是杰出的工程师、发明家、企业家。他一生有近400项发明，著名的硝化甘油炸

药就是他发明的。他不仅从事研究发明，还在五大洲的20多个国家开设了约100家公司和工厂，一生积累了无数的财富。在诺贝尔即将辞世的时候，他写下了遗嘱：用遗产中的3100万瑞典克朗成立一个基金会，将基金所产生的利息每年奖给在前一年中为人类做出杰出贡献的人。

1901年12月10日16时30分，第一届诺贝尔奖正式颁布了。从那一刻起，每年的这个时候，都是人类的盛大节日。

诺贝尔奖设物理、化学、生理学或医学、文学、和平5个奖项。在诺贝尔的遗嘱里，明确说到获奖人不受任何国籍、民族、意识形态和宗教信仰的影响，评选的唯一标准是成就的大小。

1968年，瑞典中央银行在成立300周年之际，向诺贝尔基金会捐赠大量资金，增设"瑞典中央银行纪念阿尔弗雷德·诺贝尔经济学奖"。此奖在1969年首次颁发，人们习惯称这个额外的奖项为诺贝尔经济学奖。

从不安全到安全

诺贝尔最初制造的硝化甘油并不安全，经常发生爆炸：美国的一列火车因此被炸成了一堆废铁；德国的一家工厂因此炸毁了厂房和附近的民房；"欧罗巴号"海轮，在大西洋上遇到大风浪，船的颠簸引起硝化甘油爆炸，船毁人亡。这些惨痛的事故，使世界各国对硝化甘油失去信心，有些国家甚至下令禁止制造、贮藏和运输硝化甘油。

面对艰难的局面，诺贝尔没有灰心，他经过反复试验发现：用一些多孔的木炭粉、木屑、硅藻土等吸收硝化甘油，能减少爆炸的危险。最后，他将硅藻土与硝化甘油按1:3的比例混合，第一次制成了运输和使用都很安全的硝化甘油炸药。这就是诺贝尔安全炸药。

巨额奖金

诺贝尔奖的奖金用瑞典的货币颁发，每年的奖金金额视诺贝尔基金会的投资收益而定。1901年第一次颁奖时，单项奖的奖金为15

万瑞典克朗，这在当时相当于瑞典的一个教授工作20年的薪金。而诺贝尔奖的奖金金额也在逐年增多，2023年，单项诺贝尔奖的奖金均为1100万瑞典克朗（目前约合人民币764万元）。

中国人的诺贝尔奖

莫言于2012年获得诺贝尔文学奖，是第一个获得诺贝尔文学奖的中国籍作家。

屠呦呦于2015年获得诺贝尔生理学或医学奖，此奖以表彰她发现了青蒿素，有效降低了疟疾患者的死亡率。

获奖家族

获得诺贝尔奖次数最多的人中有法国籍波兰裔科学家居里夫人，她是第一位获得诺贝尔奖的女性，也是第一位两次且分别在不同领域获得诺贝尔奖的人。她分别获得了1903年的诺贝尔物理学奖和1911年的诺贝尔化学奖。在居里夫人第二次获奖的20多年后，她的长女和其夫约里奥一起发现了人工放射性物质，共同获得了诺贝尔化学奖。

大陆漂移说：
大陆原来是一整块的

　　如果有人对你说，地球上的大陆板块就像几块分散的拼图，将它们重新拼接起来，会发现这些板块在很早的时候其实是一个整体。你会相信这种说法吗？

　　这就是著名的大陆漂移学说，它是由德国气象学家魏格纳发现并提出的。

　　1910年的一天，年轻的德国气象学家魏格纳身体欠佳，正躺在病床上休息。突然，贴在墙上的一幅世界地图吸引了魏格纳的目光。看着看着，他竟然有了一个意外的发现：大西洋两岸的轮廓竟然互相对应，特别是巴西东端的凸角部分与非洲西岸凹入大陆的几内亚湾，这两个部分看起来似乎可以拼在一起。而自此往南，巴西海岸每一个凸出的部分，恰好对应非洲西岸同样形状的海湾；同理，巴西海岸的每一个海湾，在非洲西岸都有一个凸出部分与之对应。

　　这难道是巧合吗？这位青年学者的脑海里突然闪过这样一个念头：非洲大陆与南美洲大陆是不是曾经贴合在一起？也许在很久很久以前，它们之间并没有大西洋的阻隔，是因为地球自转的离心力使原始大陆分裂、漂移，才形成了如今的海陆分布情况吗？

第二年，魏格纳开始搜集资料，验证自己的猜想。经过严谨的科学研究，魏格纳于1915年发表了代表作《海陆的起源》。

在这本书里，魏格纳阐述了一个惊人的观点：古代大陆原本是连在一起的，后来由于大陆漂移而分开了，分开的大陆之间出现了海洋。

不过在当时，魏格纳的理论并不被学界接受，很多人认为他的想法十分荒唐，还有人开玩笑说，大陆漂移说只是一个"大诗人的梦"而已。

魏格纳去世30年后，板块构造学说席卷全球，人们才终于认识到大陆漂移说的正确性。

-65℃的探险

魏格纳在反对声中不停地为他的理论搜集证据。

1930年,魏格纳率领一支探险队,迎着北极的暴风雪,再一次登上格陵兰岛进行考察。在-65℃的严寒中,大多数人失去了继续探索的勇气,只有他和另外两个追随者继续前进,最终顺利到达了位于岛中部的基地。

1930年11月1日,在庆祝了自己的50岁生日后,魏格纳在探险途中遭遇暴风雪,倒在了茫茫雪原上。在冰天雪地里,他失去了知觉,人们寻不到他的踪迹。直至第二年夏天,他的尸体才被发现。

飞行冠军

魏格纳少年时便向往到北极去探险,由于父亲的阻止,他没能在高中毕业后加入探险队,而是进入大学学习气象学。

1905年，他以优异的成绩获得天文学博士学位后，主要从事气象学和气候学的研究。

1906年，他和弟弟曾乘坐热气球在空中连续飞行了52个小时，创下了当时乘坐热气球连续飞行的新纪录。后来他去格陵兰岛参加了探险队，岛上缓慢运动的巨大冰山，给他留下了极其深刻的印象，激发了他后来在面对世界地图时的联想。

来自宇宙的证据

魏格纳去世后，大陆漂移说日趋沉寂。到了20世纪50年代，科学家才找到大量证据，证明大陆确实发生过漂移。1984年，美国国家航空和航天局第一次精确测出了各大陆缓慢漂移的数据，为大陆漂移说提供了有力的证据。

以大陆漂移说为基础，科学家们又提出了海底扩张说和板块构造说。这些理论被认为是地质学史上的一次革命，堪与哥白尼的"日心说"和达尔文的"进化论"相媲美。

胰岛素：
一个改变历史的暑假

　　"阿嚏！阿嚏！"唉，得了感冒真难受，真希望身体能够快点好起来。每当生病的时候，我们总会感觉不适。得了小病尚且如此，试想，那些得了不治之症的人该有多么痛苦啊。

　　过去人们谈及糖尿病，就如同现在人们谈及艾滋病一样胆战心惊。而当时最先进的治疗方法，就是依靠残酷的慢性饥饿疗法来延长病人的生命，但这种治疗方法总是让病人痛苦不堪。

　　直到20世纪20年代初，一位年轻的加拿大医生弗雷德里克·班廷，从动物体内成功提取了胰岛素，并将之用于人体，糖尿病的治疗情况

才得以改善。

1920 年，班廷在一篇论文中获得了治疗糖尿病的灵感。1921 年，班廷和助手贝斯特成功从几只狗的胰腺中提取到了胰岛细胞，并从中分离出一种液体。接着，他们又将这种液体注入因为切除了胰腺而患上糖尿病的狗的体内。经过数天治疗，他们发现，患病狗的血糖量竟然迅速下降，慢慢恢复了正常。班廷和贝斯特兴奋地将这种提取物称为"胰岛素"。

这年秋天，班廷的挚友、同在医学院念书的同班同学乔·吉尔克里斯特——一位严重的糖尿病患者得知班廷需要一位病人进行临床试验时，毅然来到了实验室，让班廷为他注射胰岛素。治疗了几次后，吉尔克里斯特感觉自己的头脑突然清醒了，步伐也不再沉重了。班廷成功了，他用自己的新方法成功医治了一位糖尿病患者。

之后，班廷又成功地用胰岛素制剂降低了很多糖尿病患者的血糖，证明了胰岛素对糖尿病的疗效。

"科学没有权威"，一个无名青年学生在一个暑假内就发现了治疗糖尿病患者的方法！从那一刻起，有数千万糖尿病患者因他而获得了新生。

不被看好

　　班廷设计好实验思路后，找到自己的母校——多伦多大学，希望得到生理学系的麦克劳德教授的帮助。

　　但麦克劳德认为，班廷是一个毫无实践经验的年轻人，仅凭一些肤浅的书本知识是无法成功的，况且过去有不少经验丰富的知名科学家，他们拥有良好的实验设备，但都未找到治疗糖尿病的有效方法。因此，他认为班廷的实验不会成功。

　　班廷并不死心，经过几个月的周旋，麦克劳德终于勉强答应了。他允许班廷在暑假时使用实验室进行研究，并给了班廷10条狗。而正是这些简陋的实验设备，托起了一颗科学新星。

自费实验

　　一开始，班廷的实验并不成功，在物质和精神的双重压力下，班廷没有退缩，依然全身心投入实验中。他没有工资，而实验费用需要自己承担，实验室的条件也很艰苦，湿热难耐。

他的生活非常清贫，因为他没日没夜地实验，已经订婚的女友也与他分手了。但这一切都没有动摇班廷对提取胰岛素的信心，他的坚持使他最终取得了成功。

平分奖金

在班廷研究胰岛素的时候，麦克劳德教授还替他找了一个名叫贝斯特的学生做助手。班廷得到诺贝尔奖奖金后，立即宣布分一半奖金给与自己同甘共苦的贝斯特。

贝斯特后来也成了一位著名的生理学家，在多伦多大学医学院担任生理学教授，还接替班廷担任了班廷和贝斯特医学研究所所长。

核能：
能量巨大的新能源

1952年11月1日，一个巨大的火球在太平洋马绍尔群岛埃尼威托克环礁上腾空而起，而一个名为伊鲁吉拉伯的小岛竟然在这次爆炸中消失了，足见其威力之巨大。这次爆炸就是世界上第一枚氢弹的一次试爆。

此时，在美国的加利福尼亚州，有世界"氢弹之父"之称的物理学家爱德华·特勒见此场景，不禁兴奋地大叫起来："这小子真是太棒了！"

1967年6月17日，中国的第一颗氢弹爆炸成功，距离1964年10月16日中国第一颗原子弹爆炸成功，仅过去了短短的两年零八个月，这让世界为之震惊。

氢弹主要利用氢的同位素（氘、氚）的核聚变反应所释放的能量来进行杀伤破坏，是威力强大的核武器。氢弹又被称作聚变弹或热核弹。

可以说，氢弹的爆炸，标志着人类利用核聚变的巨大能量的时代已经到来。氢弹威力巨大，其爆炸产生的能量要比原子弹大得多，但这种"核能"如果以原子核反应堆的形式释放出来，是缓和且可以控制的，因此只要合理利用，人们完全可以利用它造福人类，使之成为取之不尽、用之不竭的新能源。

核能不只能供暖、供汽、制氢、淡化海水，甚至能生产医用同位素用于治疗癌症。

以电站为例，一座100万千瓦的火电站，每年要烧约330万吨煤，还要用许多列火车来运输煤。而同样容量的核电站，一年只用30吨燃料，且对空气的污染较少，能大大改善目前的环境质量，保护人类赖以生存的生态环境。

但核能在带给人们强大能源的同时，也有潜在的安全风险，如果处理不当，这个风险还有可能成为巨大的灾难。因此，核安全一直是核能使用的第一要务。

爱因斯坦的遗憾

第二次世界大战期间，为了抢占战争的先机，流亡美国的爱因斯坦给美国总统罗斯福写信，建议赶在德国之前造出原子弹。

罗斯福采纳了这个提议，科学家们在总统的指示下开始了秘密研制工作。由于美国军事工程部的马歇尔上校负责全部行动，而他的总办公室设在纽约市曼哈顿区，所以此项计划被称作"曼哈顿计划"。

但当核武器这个魔鬼从"潘多拉盒子"中被放出来之后，给人类带来了巨大的威胁。爱因斯坦曾痛心地说："当初致信罗斯福提议研制核武器，是我一生中最大的错误和遗憾。早知如此，我宁可当一个修表匠。"

反对之声

早在1942年，当领导建成世界上第一个原子核反应堆的美籍意大利裔物理学家恩里科·费米提出核聚变的威力大大超过核裂变的威力时，爱德华·特勒便将此理论作为自己今后的研究课题。

但许多原子弹专家，包括"原子弹之父"——美国物理学家、1945年主导制造出世界上第一颗原子弹的罗伯特·奥本海默和费米本人，都从人道主义的角度出发，反对进行这方面的深入研究，认为氢弹的爆炸威力是同等级别原子弹的4倍，这样的武器将会对人类造成更大的伤害。

事物的两面性

虽然核武器曾给世界带来了巨大的伤害，但不得不说，在能源越来越紧缺的当下，核能是一种可持续的新能源。如核聚变的主要燃料是氘和锂，海水中氘的含量约为0.034克/升，氘的储量超过40万亿吨。可以用来制造氘的锂，在地壳中的自然储量也很丰富。

据目前全世界能源的消费水平来计算，地球上可供原子核聚变的氘和氚，能供人类使用很多很多年。

因此，只要合理利用，核能可能成为未来人类社会的主要能源。

联合国成立：
让世界成为一个大集体

你在幼儿园或者小学是哪个班级的？你们班有多少个同学？有班长、学习委员、生活委员等班干部吗？你有没有想过，如果没有了班级这个大家庭，同学们该如何聚在一起规范地上课学习呢？

其实，世界上的国家与班级里的同学是一样的，而联合国就是这个"大班级"。截至目前，联合国共有193个会员国，也就是说，这个"大班级"里共有193个同学。联合国秘书长可以算是这个"大班级"的"班长"。

联合国成立于第二次世界大战结束后的1945年，最初是为了防止第三次世界大战的爆发。

1945年4月25日，50个国家的代表出席了在美国旧金山举行的联合国国际组织会议。1945年6月26日，50个国家的代表签署了《联合国宪章》。

1945年10月24日，经当时的安理会五大常任理事国——中国、苏联（现为俄罗斯）、英国、法国、美国及其他签署国批准，联合国正式宣告成立。

这个"大班级"成立后，新来的"同学"越来越多，这证明"大班级"逐渐得到国际社会的认可。

能否加入"大班级"是"同学"们可以决定的。如果有国家要求加入联合国，需要先提交一份申请书，声明接受联合国的主张和义务，然后由联合国内部机构——安理会推荐，经联合国三分之二以上的会员国表决通过，才能被接纳为会员国，成为"大班级"中的一员。

随着世界各国之间的联系越来越紧密，以及在当前各种冲突频发的时代背景下，联合国在维护世界和平、缓和国际紧张局势、解决地区冲突方面，在协调国际经济关系方面，在促进世界各国的经济、科学、文化的合作与交流方面，都发挥着积极的作用。

用汉语在联合国发言

截至目前，联合国共有193个会员国，所有会员国都是主权独立的国家。

联合国设有联合国大会、联合国安全理事会、联合国经济及社会理事会、联合国托管理事会、国际法院、联合国秘书处等主要机构，还有国际原子能机构、国际货币基金组织等专门机构。

联合国总部设在美国纽约，同时在瑞士日内瓦、奥地利维也纳、肯尼亚内罗毕都设有办事处。

联合国官方正式使用的语言只有六种，按英文首字母顺序排列依次为：阿拉伯语、汉语、英语、法语、俄语、西班牙语。六种语言同等有效，代表们发言时可以任意选用其中一种。

国际幸福日

2012年6月28日，第66届联合国大会宣布，追求幸福是人的一项基本目标，幸福和福祉是全世界人类生活中的普世目标和愿望，因此宣布将今后每年的3月20日定为"国际幸福日"。联合国还会基于人均国内生产总值、社会支持度、健康预期寿命、人生选择自由度、国民慷慨程度等指标评选出最幸福国家，截至2024年，芬兰已连续7年位居最幸福国家榜首。

按比例分摊

联合国的经费来源主要由三部分构成：正常预算经费、维持和平行动经费和会员国自愿捐助。正常预算经费与维持和平行动经费均由所有会员国分摊，但分摊的比例有所不同。

联合国大会确立的原则是：联合国不应该在经费上过度依赖任何国家。因此，联合国的会费有最高摊款限额和最低摊款限额的规定，以求更符合各会员国的支付能力。

计算机：
开启全新时代

　　计算机又称电脑，如今已经成为人们在现代生活中的重要伙伴。我们用它学习、工作、玩游戏等，最神奇的是，它能带我们进入浩瀚的互联网，实现"天涯若比邻"的梦想。

　　你是否能想象，最初的计算机竟然是重达30吨的庞然大物？更神奇的是，最初的计算机的诞生并不是为了方便人们的生活，而是为了满足战争的需要。

　　第二次世界大战期间，美国军方需要计算大量的弹道数据。缓慢的人工计算贻误了战机，人们渴望有一台能快速运算的机器。

　　这时，宾夕法尼亚大学的莫克利博士和他的学生埃克特应邀设计建造埃尼阿克（ENIAC）计算机，这台计算机将供美国陆

军的弹道研究实验室使用,用于计算火炮的火力表。

1946年2月14日,这个庞然大物建成了!它长约30米、宽6米、高2.4米,占地约170平方米,重达30吨,大约有一间半教室那么大,有6头大象那么重。在当时,它每秒钟可进行5000次加法运算,虽然在今天看来,这只是小儿科,但在当时算是很快的速度了。

果然,用它计算一个炮弹弹道只需3～20秒钟,比起手工计算的速度,可以说有了天上地下的质的变化。除了常规的弹道计算外,这个大家伙后来还涉及诸多科研领域,在第一颗原子弹的研制过程中也发挥了重要作用。

不过,它最伟大的意义在于开启了计算机时代。由最初的单纯计算,到即时的信息沟通,目前,计算机已经融入了人们生活的方方面面,智能时代已经来临,人类的生活发生了翻天覆地的变化。

机械怪物

世界上第一台通用计算机"埃尼阿克"是一个庞然大物。它的内部有成千上万个电子管、二极管、电阻器等元件，电路的焊接点多达50万个。机器表面布满了电表、电线和指示灯。

据说在使用它时，全镇的电灯都会变暗。而且它的电子管平均每隔15分钟就要烧坏一只，科学家们只得不停地更换电子管。

一秒钟与一万年

第一台计算机诞生之后，计算机便以惊人的速度发展。首先，晶体管取代了电子管；接着，随着微电子技术的发展，计算机处理器和存储器上的元件越做越小，数量越来越多，计算机的运算速度和存储容量迅速提高。

近年来，中国在超级计算机领域也取得了辉煌成就。

在"神威·太湖之光"和"天河二号"之后，中国又成功研制出光量子计算原型机"九章二号"，算力实现巨大提升。而超导量子计算原型机"祖冲之二号"的问世，更使中国成为目前世界上唯一在超导量子和光量子两种系统都达到"量子计算优越性"里程碑的国家。

谁是真正的发明者

关于计算机的真正发明人，美国爱荷华大学物理学教授阿塔那索夫与莫克利及其学生埃克特，曾经打过一场旷日持久的官司。

1973年10月19日，美国法院终于当众宣读了最后的判决书："莫克利和埃克特没有'发明'第一台计算机，只是利用了阿塔那索夫发明中的构思。"做出这个判决的理由是：早在1941年，阿塔那索夫就把他对计算机的构思告诉了埃尼阿克的发明人莫克利。

机械心脏：
一颗"坚硬"的心

　　心脏是人体最重要的器官之一，它是人体的血液运输泵，为血液在人体内流动提供动力。但如果心脏出问题了该怎么办？心脏移植要面对捐献器官短缺等诸多问题，那么可以用机械心脏来代替吗？

　　1952 年 3 月 8 日，美国宾夕法尼亚医院宣布：人类首次将机械心脏成功安装到患者体内。尽管该装置只使这位41 岁的钢铁工人皮特·迪林的生命维持了 80 分钟，但在他死亡后机械心脏仍在运转，迪林的死因被证明与使用机械心脏无关——这是一次成功的尝试。

　　这颗机械心脏是对 1932 年德贝基博士研制的泵式心脏的改进，它的应用被看作是人类向成功研制人造心脏这一目标迈进的第一步。

安装这颗心脏需要电能，可"电池"在哪儿？就在人的肚子里呢！凭借安装在腹部的电源提供的动力，机械心脏通过一个内置涡轮，将人体的血液从左心室用动力泵输送到主动脉，然后向身体的各个部位不间断地供血。

它不但有电源，有发动机，还有磁场呢！机械心脏内部的磁场，使得涡轮在悬浮的状态下运转，故而不会产生任何摩擦，也不会有任何零件磨损。这样看来，动力泵应该拥有较长的使用寿命，不用担心它因为损耗而无法运转了！

怎么样？够神奇吧！不过，虽然安装上机械心脏的病人得以康复，但我们还是祈求人们不要用到这种机器，因为健康的心脏远比机械的好。况且换上机械心脏之后，人们并不能像钢铁侠、蝙蝠侠一样变成无所畏惧的"超人类"，反而得更加小心谨慎地生活。

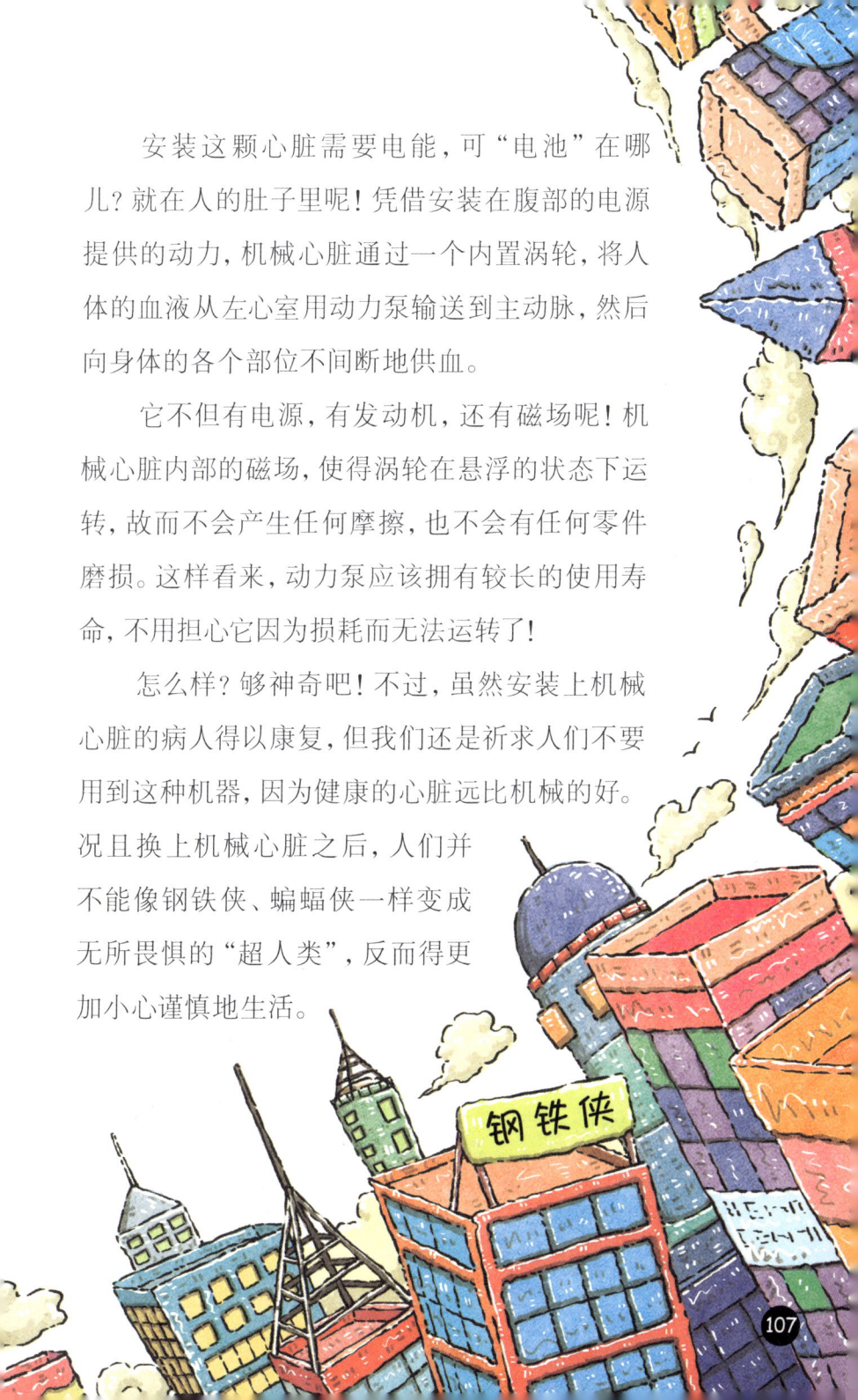

钢铁侠

50年的心脏

如今，机械心脏瓣膜和生物心脏瓣膜已经得到了广泛的应用。而机械心脏瓣膜的使用在全世界的换瓣手术中占比更高。这主要是因为机械心脏瓣膜的使用寿命长，一般达50年以上，适用于青壮年患者；而生物心脏瓣膜主要适用于老年人。另外，生物心脏瓣膜需要定期更换。

人体发动机

心脏是人体循环系统的动力，是人和脊椎动物身体中最重要的器官之一。人的心脏跟自己的拳头差不多大，外形有点像桃子。心脏是推动血液循环的器官。心

肌的自动节律性收缩，推动血液在循环系统的各种血管中环流，使机体各组织和各器官不断地进行新陈代谢。

心脏有左心房、左心室、右心房、右心室四个腔。左、右心房之间有房间隔隔开，左、右心室之间有室间隔隔开，所以互相之间并不相通，心房与心室之间有瓣膜，这些瓣膜使血液只能由心房流入心室，而不能倒流。

真正"坚强"的心脏

拥有一颗好的心脏是健康的重要保证。

体育锻炼能让我们拥有一颗真正"坚强"的心脏。人在锻炼过程中大口呼吸，会使氧气与血红蛋白迅速结合，产生更多的能量，从而使心脏更有力地跳动。

心脏和血液循环紧密相关，经常锻炼身体会使心脏供血能力增强，血管内的血液流速加快。如果人们长期坚持锻炼，血管壁的韧性会增强，身体也会变得更健康。

"阿波罗号"登月：
个人一小步，人类一大步

　　人类在认识世界、探索宇宙方面一直进行着研究。月球是我们肉眼看起来最大的星体。从古至今，无数人对月球充满了遐想。

　　早在1961年，美国就着手准备登月计划了。经过将近8年的筹备与试验，1969年7月16日，巨大的"土星5号"火箭载着"阿波罗11号"飞船从肯尼迪航天中心点火升空，飞向了令人向往的月球。

　　20日凌晨，"阿波罗11号"飞船跨过38万千米的征程，成功抵达月球，舱内的三名宇航员开始行动：尼尔·阿姆斯特朗、巴兹·奥尔德林进入"鹰号"登月舱，迈克尔·柯林斯则留守"哥伦比亚号"指令舱。然后登月舱和飞船分离，缓缓降落在月球表面。

　　7月20日，美国东部

时间22时56分，阿姆斯特朗将左脚小心翼翼地踩在月球表面上，这个看似简单的动作令他成为人类历史上第一个成功踏上月球的人。

　　阿姆斯特朗用特制的摄像机拍下了月球的样子。接着，奥尔德林也走出登月舱了。他们在登月舱附近插上了一面美国国旗，接着摆开了太阳能电池阵，安装了"月震仪"等。

　　两人在月球表面行走了两个多小时，采回了约22千克的月球土壤和岩石标本。

　　7月24日，"阿波罗11号"飞船带着他们平安降落在太平洋中部的海面，人类首次登月行动宣告圆满结束。

　　他们到达月球之后迈出的第一步，也是我们人类迈出的伟大一步——全人类见证了登月梦想的实现。

神秘的"阿波罗计划"

"阿波罗计划",又称
"阿波罗工程",是美国从
1961年到1972年进行的一系列
载人登月飞行任务。它是世界航
天史上具有划时代意义的一项
成就。

"阿波罗计划"开始于1961年5月,结束于1972年12
月第6次登月成功后,历时约11年。在该计划进行的高峰时
期,共有2万家企业、200多所大学和80多个科研机构参与
其中,参与的总人数超过30万。

辉煌的失败

"阿波罗13号"飞船在"阿波罗计划"中承担第3次载
人登月的任务。发射两天后,服务舱的氧气罐发生爆炸,
严重损坏了航天器,使其损失了大量氧气和电力,3位宇航
员只好使用航天器的登月舱作为太空中的救生艇。

此时,指令舱系统并没有损坏,但是为了节省电力,在
返回地球大气层之前都被关闭了。3位宇航员在太空中经

历了缺少电力、温度失常、极度缺乏饮用水的阶段，但最终他们仍然凭借着高超的技术、稳定的心理状态，成功返回了地球。

事后，"阿波罗13号"飞船的机组人员洛威尔回忆说："我们终于活了下来，但是很悬。我们的任务失败了，但我更愿意把它看作一次辉煌的失败。"

源自竞争

美国"阿波罗计划"的实施，最初并不仅仅是为了满足"我们要去月亮上看一看"的想法。

1957年，苏联（现为俄罗斯）成功发射世界上第一颗人造地球卫星，宣告了人类太空时代的到来。美国为了赶超苏联，时任美国总统的约翰·肯尼迪宣布，要在此后10年内实现载人登月的目标，这才有了"阿波罗计划"。

灭绝天花病毒：
一次伟大的胜利

    世界上曾经流行过一种很可怕的病毒，它可以让人染上一种叫天花的病。天花是一种传染性很强的疾病，一般发生在冬春季节。感染天花的人会发烧，浑身长脓疱，病情严重的会很快死去。

    17世纪，单单欧洲就有4000万人因得天花而丧失了生命。患者即使侥幸保住了性命，皮肤上也会留下一个个小瘢痕，特别是留在面部的那些"麻子"，会严重影响人的形象。

    后来，经过一代代人的努力，得天花的病人越来越少。某一时期，全世界范围内几乎都找不到这种病例了。世界卫生组织因此宣布：如果连续两年全世界都没有发现天花病

人，就可以宣布天花绝迹了。但是在1977年10月25日，在非洲的索马里又发现了一个天花病人。不过自那以后，一直到1979年10月25日，整整两年内，全世界再也没有发现新的天花病人。于是，这一天就被定为"天花绝迹日"。

世界卫生组织的检查人员对最后一批尚未宣布消灭天花的东非国家——肯尼亚、埃塞俄比亚、索马里和吉布提进行了调查，并确定这4个国家已经消灭了这种疾病后，才郑重地发布了这个具有历史意义的消息。1979年10月26日，世界卫生组织在内罗毕正式宣布：天花已经被消灭了！并且为此举行了庆祝仪式。

彻底消灭天花，是人类在与自然的斗争中取得的一个伟大胜利，这个胜利来之不易，是千百年来无数人共同努力的结果。

成为标本的病毒

几千年来，天花导致数千万人死亡或毁容。18世纪末，英国发明了预防天花的牛痘疫苗。尽管如此，天花患者的死亡率仍高达三分之一。

后来，发达国家逐步控制了这种疾病，但这种疾病仍在非洲的乡村流行。而自1967年开始进行最后一次大规模消灭天花的活动以来，天花病毒如今只保留在一些国家的实验室中，供研究使用。

古老的病毒

天花是一种很古老的传染病，究竟起源于何时，很难断定。我国东晋时期的医学家葛洪，在他的《肘后备急方》里已提到天花。葛洪生活的年代距今

已有1600多年，可见天花的出现应该远在这之前。

天花严重地危害人类的生命，但是，许多年来，人类一直没有找到预防天花的好方法。

直到18世纪末，英国医生詹纳发现接种牛痘可预防天花。这种方法在全世界推广以后，得天花的人就慢慢减少了。

从挤奶工身上得到的灵感

在宋朝，中医就开始应用"人痘"接种预防天花，他们将痊愈后的天花患者身上的痂皮碾成粉末，吹进健康儿童的鼻子里，用来简单预防天花。

18世纪，英国乡村医生爱德华·詹纳发现，一些挤奶工的手上有牛痘，而感染过牛痘的挤奶工全都没有患上天花。1796年，詹纳为一名8岁男孩接种了牛痘，等男孩康复后再冒险给他植入天花病毒，这个男孩最终没有感染天花。詹纳的"牛痘法"取得了成功。

到了1801年，接种牛痘的方法已经在许多欧洲国家推广、应用，成功降低了天花的发病率。

航天飞机升空：
遨游太空不再是梦想

　　如果能乘坐飞机到太空遨游，将是多么惬意的一件事啊！早在20世纪80年代，人类就研制出了这种飞机——航天飞机。1981年4月12日，在美国肯尼迪航天中心聚集着几万人，他们共同见证了第一架航天飞机——"哥伦比亚号"的发射。宇航员约翰·杨和克里彭揭开了航天史上新的一页。

　　这架航天飞机与普通飞机差不多大，总长约56米，翼展约24米，起飞重量约2040吨，算起来大概有半个足球场那么大。不过它可承载的人没有普通飞机那么多，每次飞行最多可载8名宇航员，飞行时间为7～30天。航天飞机的寿命也很短，只可重复使用100多次。

　　航天飞机集火箭、卫星和飞机的技术特点于一身，既能像火箭那样垂直发射进入空间轨道，又能像卫星那样在太空轨道飞行，还能像飞机那样再次进入大

气层滑翔着陆，可以说是"三合一"的高科技飞机。

为了更好地探索宇宙，航天飞机需要经常运载货物到太空中，因此它的最大有效载荷达29.5吨。它的机尾装有3个主发动机。机身腹部附有一个巨大的推进剂外贮箱，里面装着几百吨重的液氧、液氢燃料，提供巨大能量帮助飞机进入太空轨道，而外贮箱两边也各有一枚固体燃料助推火箭。

但科学的发展总是与一次次失败相伴。2003年2月1日，本是美国的"哥伦比亚号"航天飞机结束成果丰硕的"科学研究之旅"后返航的日子，宇航员的家属们聚集在佛罗里达州的肯尼迪航天中心，准备迎接英雄们凯旋，但没想到等来的却是一个噩耗：航天飞机在返航途中解体坠毁，机上7名宇航员全部遇难。

尽管这是一场巨大的悲剧，但仍不失为人类探索太空的一次壮举。

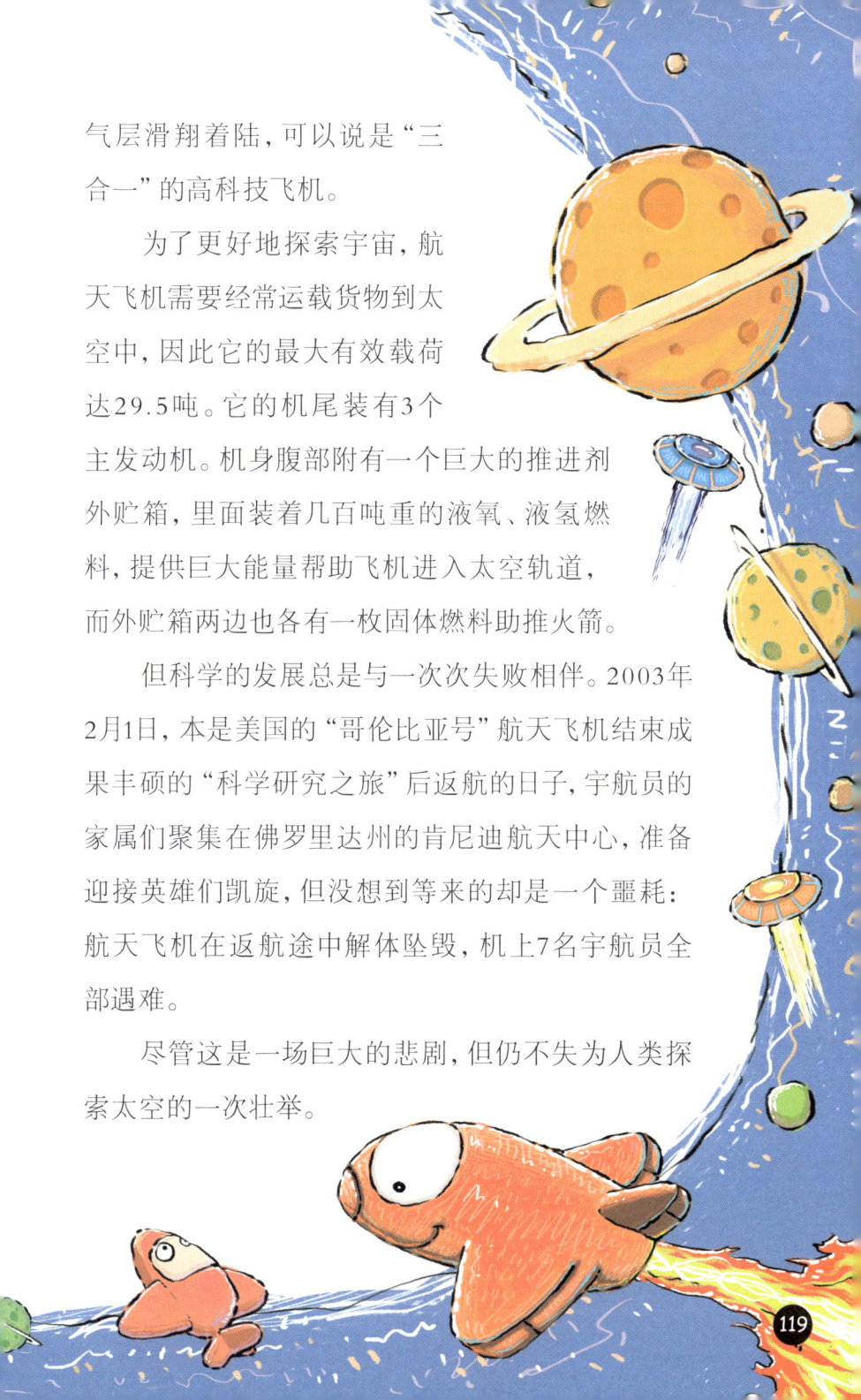

中国学生的实验

2003年1月16日发射升空的"哥伦比亚号"航天飞机原定于2001年升空，但由于技术故障和航天飞机调配等原因，发射日期一直被推迟到了2003年1月16日。

"哥伦比亚号"航天飞机的此次飞行，总共搭载了来自6个国家的学生设计的实验项目，其中包括中国学生设计的"蚕在太空吐丝结茧"实验。

当时，中国各地的中小学生提出了近900个方案，最后，北京女生李桃桃提出的"蚕在太空吐丝结茧"的实验方案入选，获得搭载"哥伦比亚号"航天飞机进入太空的资格。

乘坐降落伞的火箭

航天飞机需要火箭助推才能升上太空。火箭助推器与主发动机同时启动，在飞行的前2分钟里为航天飞机提供额外的推力帮助其摆脱地球引力。

大约上升到45千米的高空时，助推器与航天飞机外燃料油箱分离，依靠降落伞下落，最后落入大西洋。

接着，待命船会将其打捞上来，送回陆地，经过检查、维护后供下一次使用。

航天飞机的下一代

美国的航天飞机目前都已退役，美国准备用更先进的"航空航天飞机"（简称"空天飞机"）取而代之。这种飞机同时具有飞机发动机和火箭发动机，可以像普通飞机一样在飞机场跑道上起飞、降落，自由出入大气层。

空天飞机将会是21世纪世界各国争夺制空权和制天权的关键武器之一。美国、俄罗斯、中国、日本及德国都对此展开了研究，但目前还没有获得实质性成功。

横穿南极大陆：
去企鹅之乡探险

如果你去过水族馆，我想你一定会爱上憨态可掬的企鹅，这种生活在寒冷的南极大陆的小动物，真是令人着迷。而那片被白雪与寒冷包裹的大地，也同样令世人向往。

南极洲是世界上最后被发现的大陆，也是唯一一个既没有原住民生活也没有树木生长的大陆。南极洲是世界上最寒冷的地区，沿海地区的平均气温为-30℃～-20℃，内陆的平均气温为-70℃～-40℃。那里还是世界上刮风最多和风力最大的地区。

别看企鹅能在那里悠闲自在地生活着，要是普通人去了那里，肯定冷得受不了啦。不过，有一群科学家为了探索

未知世界，竟然不顾危险，徒步横穿了南极大陆——这些科学家里还有我们中国人呢。

1989年，美国和法国联合发起并组织了一支科学考察队，准备完成人类历史上第一次徒步横穿南极大陆的壮举。这支考察队由中国、美国、苏联、英国、法国、日本6个国家各派一名人员组成，我国科学家秦大河代表中国加入了科考队。

6名成员于1989年7月28日出发，历经千辛万苦，历时7个多月，跋涉近6000千米，终于于1990年3月3日到达了终点。人类首次实现了不借助机械手段徒步横穿南极大陆的梦想！

这次南极之行，秦大河共采集了800多瓶雪样，搜集了大量有关南极洲冰川、气候、环境的详细资料，圆满完成了从南极半岛经南极点至和平站的雪层大剖面的观测任务。

这次徒步横穿南极大陆的科学考察，是20世纪人类在到达地球的两极、登上地球之巅珠穆朗玛峰、飞上月球之后，完成的又一次具有重大意义的壮举。

每天只走两三千米

秦大河和其他队员从南极半岛的一端出发，由西向东，开始了艰险的征途。那纵横交错的冰隙、积雪覆盖的暗沟，都深达数米甚至数十米，考察队员只能用雪杖击冰探路，谨慎行进。如果遇上南极的暴风雪，能见度就只有十多米，队员们一天只能前进两三千米。

在考察队里，秦大河是为数不多的带有科学考察任务的队员，因此他要比别人付出更多的劳动。晚饭后，在其他队员喝咖啡休息的时候，秦大河还要扛着冰镐、斧子去观测冰川、采集雪样。

夏天的冰雪

南极大陆是人类最难接近的大陆。与南极大陆最接近的大陆是南美洲，而它们之间还隔着宽度超过900千米的德雷克海峡。南极大陆不仅与其他大陆相距甚远，周围还被数千米乃至数百千米的冰架和浮冰环绕，冬天时浮冰的面积可达1800万平方千米；即使在夏天，浮冰的面积也会超过200万平方千米。在南极大陆周围的海洋中，还漂浮着数以万计的巨大的冰山，给海上航行带来了极大的挑战和危险。

脆弱的南极

南极是地球上迄今为止唯一未被开发的"处女地"，是理想的天然科学实验室。同时，由于南极处于高纬度地区，那里气候严寒，而生物在低温状态下生长缓慢，所以南极的生物种类不多，数量也少。这种情况使得南极食物链等生态系统之间的各种生物存在着更为紧密的相互依赖关系，生态更加脆弱。原本的食物链一旦遭受破坏，就难以恢复。

主权之争

从19世纪20年代起，到20世纪40年代，各国探险家相继发现了南极大陆的不同区域，英国、新西兰、澳大利亚、法国、挪威、智利、阿根廷等7个国家先后对南极洲的部分地区正式提出主权要求。后来，1961年6月通过的《南极条约》规定：南极不属于任何一个国家，它属于全人类。

哈勃空间望远镜：
人类的"太空之眼"

  大家都玩过望远镜吗？通过望远镜，我们能看清楚离自己很远的东西。但是你知道吗？在宇宙中，有一架超级大的望远镜在不停地绕着地球转呢，它就是大名鼎鼎的哈勃空间望远镜。

  1990年4月24日，哈勃空间望远镜由美国"发现号"航天飞机送入太空轨道，从此它便成了人类的"太空之眼"。哈勃空间望远镜以美国天文学家爱德温·哈勃为名，以纪念他对世界天文学做出的贡献。它长13.3米，直径4.3米，重11.6吨。它的清晰度是地面天文望远镜的10倍以上。

  由于没有大气湍流的干扰，哈勃空间望远镜所获得的图像和光谱具有极高的稳定性和可重复性。同时，它成功地弥补了地面观测的不足，帮助天文学家解决了许多天文学上的基础问题，使人类对天文物理有了更多的认识。不过，哈勃空间望远镜并不是让人直接观察太空，而是把它看到的东西转化成数据储存在航天器中，然后分批传回地球。这些数据经过一系列处理后就能为天文学家所用。

  哈勃空间望远镜于1990年发射后，一直兢兢业业地为

天文学家提供珍贵的太空资料，极大地拓展了人类对宇宙的认知。1994年，它观测到"舒梅克–列维9号彗星"撞击木星，这是人类首次观测到太阳系内如此大规模的天体撞击；2014年4月，它发现"El Gordo"星系团容量大大超出科学家的估计，其可容纳的质量与3000万亿颗太阳质量相当；2022年3月，它借助"引力透镜"效应发现了人类迄今为止观测到的最遥远的单颗恒星；它还帮助科学家确定了宇宙的年龄约为138亿年……

如今，"衰老"的哈勃空间望远镜已经被另一架空间望远镜——"詹姆斯·韦伯"所取代。也许有一天，我们真的能在空间望远镜传回的照片里发现外星人呢。

宇宙的"婴儿"时期

2009年，天文学家在哈勃空间望远镜拍摄的照片中，发现了一个名为"UDFy-38135539"的星系。

天文学家经过研究后发现，这可能是人类目前观测到的最遥远的天体，距离地球超过130亿光年。这样遥远的距离，意味着天文学家观测到的光其实产生于宇宙的"婴儿"时期。

"近视眼"哈勃空间望远镜

1990年，哈勃空间望远镜刚刚升空，工程师们就发现他们制造"哈勃"时犯下了低级错误。因为上天后的哈勃空间望远镜竟然成了"近视眼"——视物不清，完全不能达到预想的观测效果。

对图样中出现的问题的分析显示，原因是主镜的形状被打磨错了。虽然镜面的边缘与需要的位置只差了"微不足道"的2微米，但就是这样微小的差距，造成了严重的球面像差。

于是，1993年12月，美国国家航空和航天局对哈勃空间望远镜进行了第1次维修，宇航员们为它装上了一片"近视眼镜"，使它能够把星星聚焦为一个光点而不是一片模糊的光斑，这次维修给了哈勃空间望远镜第二次生命。

此后，哈勃空间望远镜又经过了5次维修。虽然它的寿命得以延长，但关于让其"退休"的话题已经被提上了日程。

后继有"镜"

詹姆斯·韦伯空间望远镜是由美国国家航空和航天局、欧洲空间局和加拿大航天局联合研发的。它是哈勃空间望远镜的继任者，其能观测到的天体比当前最大的地面望远镜或空间红外望远镜都要多得多、远得多。

詹姆斯·韦伯空间望远镜于2021年12月25日发射升空，2022年7月中旬正式开始工作。2022年7月20日，据法国新闻社报道，詹姆斯·韦伯空间望远镜可能发现了宇宙中已知最早的星系，该星系已经存在了135亿年。

克隆技术：
复制一个自己

　　还记得《西游记》里的孙悟空吗？他从身上拔下一撮毛，用嘴一吹，就会变出好多个一模一样的"孙悟空"。你一定觉得这是神话里才会出现的情景吧！其实，随着克隆技术的诞生，这一情形很有可能在某一天变为现实。如果有一天，你的面前突然出现很多个和你长得完全一样的人，谁也分不清你们，包括你的爸爸妈妈，你会感到兴奋还是害怕呢？

　　"克隆"原本是指植物通过无性繁殖的方式从单一植株上获得大量的子代个体。大家都知道，我们是爸爸妈妈共同孕育的孩子。除了人类，其他哺乳动物也都有父亲和母亲。而克隆技术彻底改变了这个自然规律，一个人只需要自己身上的一个细胞，就可以创造出

一个与自己"完全相同"的人。

1996年7月5日，英国科学家伊恩·维尔穆特博士用一只成年羊的体细胞成功克隆出了一只小羊，取名"多利"。1997年2月27日，英国《自然》杂志报道了这一震惊世界的科研成果。克隆技术被美国《科学》杂志评为"1997年世界十大科技突破"的第一项。克隆羊的诞生也是当年最引人注目的国际新闻之一。

接下来，克隆猪、克隆牛、克隆猴纷纷问世，那会不会有一天出现克隆人呢？要是世界上真的存在克隆人，那么，一定会影响到正常的社会秩序，说不定还会弄得天下大乱！所以，克隆技术的推广，目前在社会伦理方面还存在着极大的争议。

不过，你可别以为克隆技术只会带给人们困扰。"治疗性克隆"在未来可能会风靡世界——它能帮助人类在生产移植器官和攻克疾病等方面取得极大的突破，给生物技术和医学技术带来革命性的变化。比如，有的人无法生育，克隆技术可以帮助他们实现要宝宝的梦想；有的人不幸失明了，克隆眼睛可以帮助他们重获光明。

多利羊的年龄之谜

小羊多利活了6年零7个月，而普通的绵羊可以活11～12年。那这是否意味着它真的是在6岁就死去了呢？这个问题目前还没有定论。

也许你会觉得奇怪，年龄有什么难计算的呢？原来，这是因为科学家还没有找到确切的方法来测算克隆动物的年龄起点：究竟是从它诞生的那一天算起，还是从提取基因的母体的年龄算起，或者是从两者之间的某个年龄算起呢？相信不久以后这个问题一定会得到解决！

克隆争议

2001年11月28日，美国先进细胞技术公司宣布利用克隆技术培养出了人类早期胚胎，紧接着，又陆续有3个外国组织宣布将进行克隆人实验。一时间，这些实验在社会上引起了广泛的讨论："克隆人的身份如何定义？""应不应该保障克隆人的人权？""克隆人的技术还不成熟，如果他们有先天缺陷，谁应该为此负责？""如果有人利用克隆人做各种人体实验该怎么办？"……这一系列的伦理问题，目前都无法解决。现在，世界各国都禁止克隆人实验。

中国克隆术

2018年1月25日，顶尖科学期刊《细胞》发表了中国科学家的重大研究成果：世界上第一个体细胞克隆猴"中中"和第二个体细胞克隆猴"华华"已在中国科学院神经科学研究所诞生。此前，科学家一直未能实现非人灵长类动物的体细胞克隆，也就难以建立模拟人类疾病的动物模型。中国科学家解决了这个世界难题，率先开启了以猕猴作为实验动物模型的时代。

克隆技术还可以为挽救全球各地的濒危物种做出贡献。2022年9月，中国成功克隆出一只北极狼"玛雅"。美国有线电视新闻网（CNN）在对该事件的报道中称，中国科学家克隆了北极狼，是濒危物种保护方面的一个"里程碑"。

航空母舰：
坚固的海上堡垒

　　1910年11月14日，美国飞行员尤金·伊利驾机从"伯明翰号"轻巡洋舰上起飞，这是人类首次驾驶飞机从一艘军舰上起飞。1911年1月18日，伊利又在"宾夕法尼亚号"重巡洋舰上安全降落，这是人类首次驾驶飞机在军舰上降落。

　　英国海军不甘落后，于1912年年底开始进行将轻巡洋舰改装成水上飞机母舰的实践。经过几次探索和尝试之后，终于在1917年4月开始着手设计"竞技神号"——世界上第一艘从一开始就按航空母舰的标准设计建造的军舰。

航空母舰的主要作用是作为战斗机起飞和降落的平台，依靠航空母舰，一个国家可以在远离其国土的地方、不依靠当地机场的情况下施加军事压力和进行作战。但是航空母舰自身的防御能力比较差，所以航空母舰通常采用编队作战，与巡洋舰、驱逐舰和潜艇等组成航母战斗群——航母位于战斗群的中心，受到层层保护。

算起来，一个航母战斗群一共有10艘左右的舰艇，似乎并不算多厉害，但是加上舰艇上装载的飞机和导弹，一个航母战斗群的防御、攻击范围可达几百至几千千米，是名副其实的"海上堡垒"。

我国拥有辽阔的海域，但因为长期没有航母，使我国在护卫领海、领土、领空方面，一直处于十分被动的局面。2012年9月25日，我国从国外购买的"瓦良格号"改造完工，被命名为"中国人民解放军海军辽宁舰"，交付我国海军使用，此时我国才拥有了第一艘航空母舰。至此，中国成为世界上第十个拥有航空母舰的国家。

自主研发"山东舰"

"瓦良格号"航空母舰的成功改造，为我国自主建造航空母舰积累了宝贵的经验。2017年4月26日上午，我国第二艘航空母舰在大连造船厂举行了下水仪式。这艘航空母舰由我国科研人员自主研发，是真正意义上的国产航空母舰，标志着我国航空母舰的制造水平进入了一个全新的阶段。

2018年5月13日，该舰从大连造船厂的码头启航，赴相关海域执行海上试验任务，并于2018年5月18日圆满完成首次海上试验任务。

2019年12月17日，该舰在海南三亚的军港交付海军。我国第一艘国产航空母舰被命名为"中国人民解放军海军山东舰"，舷号为"17"。

中国最新的航空母舰"福建舰"

2022年6月17日，我国第三艘航空母舰下水命名仪式在江南造船厂举行。这艘航空母舰是继"辽宁舰""山东舰"之后的"福建舰"，舷号为"18"。

"福建舰"是中国完全自主设计建造的首艘弹射型航

空母舰，采用平直通长飞行甲板，配置电磁弹射和阻拦装置，满载排水量 8 万余吨，比上一代航空母舰"山东舰"高了 2 万吨。美国《外交家》杂志编辑罗伯特·法利甚至认为，"福建舰"将成为"有史以来在美国以外建造的最大、最先进的航空母舰"。

世界最先进

美国的福特级航空母舰的首舰——"福特号"航空母舰于2017年服役，其代表着当今世界上航空母舰技术的最先进水平。其舰长超过330米，排水量超过10万吨，可以搭载各种类型的舰载机，包括固定翼战斗机、直升机和无人机等。

"福特号"航空母舰的最大特点是采用了电磁弹射系统，相较于传统的蒸汽弹射系统，它可以为舰载机提供更强劲的起飞推力，同时也能够更灵活地调整舰载机的起飞间隔时间和重量。此外，"福特号"航空母舰还采用了先进的武器系统和雷达，能够实现更精准的打击和更全面的战场感知。

中国月球车：
奔向月亮的"玉兔"

　　当我们看到夜空中的月亮，会不会想：月亮上真的会有美丽的嫦娥和可爱的玉兔吗？神秘的月亮上有什么有趣的东西？2013年12月2日，"嫦娥三号"探测器把"玉兔号"月球车送上了月球，实现了中国人与月球的零距离接触。从此，月亮上真的有了"玉兔"！不过它其实是一台高度智能的机器。

　　"玉兔"看上去像个长方形的盒子，长1.5米，宽1米，高1.1米，它的"脚"是几个可以独立转动的轮子，"眼睛"是全景相机、红外成像光谱仪、测月雷达等科学探测仪器，负责观察周围环境并把有价值的场景记录下来。

　　你是不是觉得"玉兔号"很智能？其实它更像是人类

派上月球的一个小小科学家。不过与人类科学家不一样的是，它的智慧不在脑袋里，而在"肚子"里。

几乎所有的月球勘测装置都安装在"玉兔"的腹部，比如"测月雷达"装置，它可发射雷达波来探测二三十米厚的月球土壤结构，还可以对月球地表以下100米深的地方进行探测。

2019年1月3日，"玉兔"的妹妹"玉兔二号"驶抵月球背面，首次实现月球背面着陆，成为中国航天事业发展史上的又一座里程碑，为中国探索月球提供了更多的经验。

荒凉冷寂的月亮

月球表面的环境，与地球表面的自然环境大不相同。月球上没有空气，处于真空状态，连声音都无法传播；月球上也没有液态水。那里满目荒凉，毫无生气，是一个没有生命存在的世界。月球表面的温度变化也非常剧烈：白天最热时，月表温度可达127℃；夜间最冷时，月表温度则可低到-183℃。

"玉兔号"就是在这样的环境下，"忍受"着300℃的温差，待在没有水、没有声音、没有空气的月球上。

"嫦娥"探月

除了"玉兔"，中国的"嫦娥"也奔向了月球。2020年12月1日，"嫦娥五号"探测器成功在月球正面预选着陆区着陆。12月17日，"嫦娥五号"返回器携带月球样品安全回到地球，成功完成了中国首次月球无人采样返回之旅。

目前，中国载人月球探测工程登月阶段任务已启动实施，计划在2030年前实现中国人首次登陆月球的目标。

2024年5月3日，搭载"嫦娥六号"探测器的"长征五号遥八"运载火箭在文昌航天发射场成功发射，开启了世界首次月背"挖宝"之旅。6月25日，"嫦娥六号"返回器携带从月球背面采集的1935.3克样品，成功返回预定区域。"嫦娥"系列任务的成功完成，有望为人类揭开更多有关月球和宇宙的奥秘。

火星车

登上月球之后，人类将目光投向了更遥远的火星。1997年7月4日，美国的"索杰纳"火星车登陆火星表面；2003年，美国再次向火星上发射了一对"双胞胎"火星车——"勇气号"和"机遇号"，它们发现了火星上曾经存在水的证据；2021年2月，美国的"毅力号"火星车抵达火星。

"毅力号"首次拍摄到特殊冰云折射太阳光形成的光学现象——22度晕，这是人类探测器第一次在地球以外的地方观测到这种现象。

2020年7月23日，"长征五号遥四"运载火箭托举着执行中国首次火星探测任务的"天问一号"探测器，在文昌航天发射场点火升空。2021年4月24日，在2021年"中国航天日"开幕启动仪式上，中国首辆火星车被命名为"祝融号"。

截至2022年5月5日，"祝融号"火星车已在火星表面工作了347个火星日（1个火星日约等于1.02个地球日），累计行驶1921米，运行正常。中国对火星的探索将继续深入下去。

中国空间站：
中国有了自己的"天上的家"

　　1869年，美国作家埃弗雷特·希尔为《大西洋月刊》撰写了一篇文章，文章中设想了在太空中用砖块搭建一颗新月球——这是人类最早的关于空间站的预想。

　　1971年4月19日，苏联发射了世界上第一座空间站——"礼炮1号"。它运行在200多千米高的轨道上，站内装有各种试验设备、摄影设备和科学实验仪器。但"礼炮1号"的寿命并不长，半年后，它就坠毁在了太平洋上。1986年2月，苏联的"和平号"空间站升空，这是首个可以长期驻留太空的空间站。"和平号"空间站一共服役了15年，先后有12个国家的100多名宇航员登上了"和平号"。

　　1983年，美国总统里根提出在国际合作的基础上建造世界上最大的载人空间站。国际空间站于1993年完成设计并开始工程实施。国际空间站项目由16个国家合作建造、运行和使用，主要由美国国家航空和航天局、俄罗斯国家航天集团、欧洲空间局、日本宇宙航空研究开发机构、加拿大航天局共同运营。

　　国际空间站是在太空中组装而成的，长约110米，宽88

米，相当于一个足球场的大小。其总质量为400余吨，可供6～7名航天员在轨工作。国际空间站的主要功能是进行轨道对地观测和天文观测，开发太空资源，进行科学研究。

但对中国来说，由于技术封锁，中国人要想在天上有个"家"，只能靠自主研发。不过，这个目标在今天已成为现实。"天宫一号"、"天宫二号"、天和核心舱、问天实验舱、梦天实验舱等相继升空，航天员们更是实现了常驻式停留。

中国空间站未来将形成"三大舱段"加"三艘飞船"的组合体，也就是天和核心舱、问天实验舱、梦天实验舱、"天舟五号"货运飞船、"神舟十四号"载人飞船、"神舟十五号"载人飞船同时在轨，总重超过100吨的空间站组合体。

中国进入太空第一人

2003年10月15日，我国航天员杨利伟乘坐"神舟五号"载人飞船进入太空，是中国进入太空的第一人。

"天宫"探索

2011年9月，"天宫一号"发射成功。"天宫一号"是中国空间实验室的实验版，主要进行一系列的验证任务。2016年9月15日，"天宫二号"发射成功。航天员们在"天宫二号"上进行了一系列重要实验，这是中国第一个真正意义上的太空实验室。"天宫二号"于2019年7月19日完成实验使命，坠入南太平洋预定安全海域。

真正的中国空间站

2021年4月29日，天和核心舱在海南文昌发射升空，由此开启了中国空间站的建设历程。

2021年6月17日，聂海胜、刘伯明、汤洪波3名航天员乘坐"神舟十二号"载人飞船进入太空，并先后顺利进入天和核心舱，这标志着中国人首次进入了自己的空间站。

2021年10月16日，"神舟十三号"载人飞船将翟志刚、王亚平、叶光富3名航天员送入太空，中国空间站开启有人长期驻留时代。

2022年6月5日，"神舟十四号"乘组的陈冬、刘洋、蔡旭哲3名航天员进入天和核心舱。7月24日，搭载问天实验舱的"长征五号B遥三"运载火箭升空。7月25日，"神舟十四号"航天员乘组成功开启问天实验舱舱门，顺利进入问天实验舱。这是中国航天员首次在轨进入科学实验舱。

2022年11月3日，中国空间站天和核心舱、问天实验舱与梦天实验舱相拥，标志着中国空间站"T"字基本构型在轨组装完成，向着建成空间站的目标迈出了关键一步。

此后，进入中国空间站的航天员乘组分别为：2022年11月30日，"神舟十五号"乘组费俊龙、邓清明、张陆；2023年5月30日，"神舟十六号"乘组景海鹏、朱杨柱、桂海潮；2023年10月26日，"神舟十七号"乘组汤洪波、唐胜杰、江新林；2024年4月26日，"神舟十八号"乘组叶光富、李聪、李广苏……

图书在版编目（CIP）数据

电光火石那瞬间 ／ 张康编绘．－－ 杭州 ：浙江人民
美术出版社，2024.10
（奇妙知识面对面）
ISBN 978-7-5751-0082-3

Ⅰ．①电… Ⅱ．①张… Ⅲ．①科学知识－青少年读物
Ⅳ．① Z228.2

中国国家版本馆 CIP 数据核字（2024）第 006492 号

策划编辑 褚潮歌		**责任校对** 钱偎依	
责任编辑 杜　瑜		**整体设计** 米家文化	
责任印制 陈柏荣			

奇妙知识面对面

电光火石那瞬间

张康 编绘

浙江人民美术出版社出版·发行

杭州市环城北路177号

电话：0571-85174821　　经销：全国各地新华书店

制版：杭州米家文化创意有限公司　印刷：浙江新华数码印务有限公司

开本：889mm×1194mm　1/32　印张：4.75　字数：90千字

版次：2024年10月第1版　印次：2024年10月第1次印刷

ISBN 978-7-5751-0082-3　　定价：35.00元

（如有印装质量问题，影响阅读，请与出版社营销部联系调换。）